Dr. Götz Hohenstein

Fachbegriffe Finanz- und Rechnungswesen

– speziell für den Jahresabschluß –

Englisch-Deutsch/Deutsch-Englisch

GABLER

Die Deutsche Bibliothek – CIP-Einheitsaufnahme

Hohenstein, Götz:.
Fachbegriffe Finanz- und Rechnungswesen: speziell für den Jahresabschluss; Englisch- Deutsch/Deutsch- Englisch = Glossary of financial and accounting terms / Götz Hohenstein. - Wiesbaden: Gabler, 1993
ISBN 3-409-19950-0
NE: HST

Der Gabler Verlag ist ein Unternehmen der Verlagsgruppe Bertelsmann International.

Lektorat: Brigitte Stolz-Dacol

Höchste inhaltliche und technische Qualität ist unser Ziel. Bei der Produktion und Verbreitung unserer Bücher wollen wir die Umwelt schonen: Dieses Buch ist auf säurefreiem und chlorfrei gebleichtem Papier gedruckt. Die Einschweißfolie besteht aus Polyäthylen und damit aus organischen Grundstoffen, die weder bei der Herstellung noch bei der Verbrennung Schadstoffe freisetzen.

Satz: Satzstudio RESchulz , Dreieich-Buchschlag
Druck: Presse-Druck- und Verlags-GmbH, Augsburg
Bindung: Osswald & Co., Neustadt/Weinstraße
Printed in Germany

ISBN 3-409-19950-0

*Meiner Tochter,
Dr. Erica Jane de Hohenstein,
deren perfekte Zweisprachigkeit ich immer bewundert habe*

Vorwort

Dies ist ein ungewöhnliches Wörterbuch. Einzigartig in seiner Komposition. Es bringt nicht nur die (allgemein übliche) Übersetzung der Begriffe, die im Jahresabschluß auftauchen oder mit ihm zusammenhängen. Darüber hinaus liefert es auch in den meisten Fällen eine Begriffsbestimmung oder Erläuterung der Fachausdrücke und – wo immer praktikabel – ein oder mehrere Beispiele. Es ist also ein komprimiertes „Textbuch" aller Fachausdrücke, die im Zusammenhang mit dem Jahresabschluß gebraucht werden.

Die Kenntnis der nachfolgenden Begriffe des Finanz- und Rechnungswesens ist unverzichtbar für Führungskräfte, um die Analyse und das Verständnis von finanziellen Berichten zu erleichtern.

Im besonderen: *die Bilanz,*

die Gewinn- und Verlustrechnung,

die Aufstellung einbehaltener Gewinne,

die Kapitalflußrechnung,

die Cash-Flow-Rechnung.

Ich danke meinem Freund Dr. Ronald W. Ady für seine wertvolle Hilfe bei der Kontrolle des englischen Textes.

Götz Hohenstein

Preface

This is an exceptional dictionary; its unique composition not only translates the commonly known and latest concepts of the year-end closing statement and related terms but explains, wherever practicable, the ensuing implications by application of examples. It is a condensed "textbook" containing major technical terms applied in the year-end closing statement.

The "Glossary" will prove indispensable to managers in the interpretation and the analysis of financial statements.

In particular: *the Balance Sheet,*

the Statement of Income and Expense,

the Statement of Retained Earnings,

the Statement of Changes in Financial Position and

the Cash-Flow-Statement

Götz Hohenstein

Englisch/Deutsch

English/German

A

abandonment

Abandon.
Freiwilliger Verzicht, z. B. auf ein verseuchtes Grundstück oder eine wertlos gewordene Beteiligung. Der Staat oder der frühere Eigentümer kommen als neue Eigentümer in Frage.

above par

über dem Nennwert, über pari.
Ein Wertpapier wird über seinem Nominalwert gehandelt und/oder verbucht.

absorption costing

Vollkostenrechnung.
Sämtliche Produktions- und Verwaltungskosten einer Periode werden mit Hilfe von Gemeinkostenzuschlägen den Erzeugnissen zugerechnet. Das gegenteilige Abrechnungsverfahren ist → direct costing.

abstract

Auszug.
Abstract of title = Grundbuchauszug.

accelerated depreciation

Sonderabschreibung. Vorzeitige Abschreibung.
Eine einmalige, außerordentliche Belastung (Wertminderung) eines Anlagegutes (Anlagevermögen) oder einer Rücklage.

accelerated depreciation method

degressive Abschreibung.
→ diminishing (declining) balance depreciation.

acceptance

Akzept, Wechsel, Annahme.
Ein Zahlungsversprechen, z. B. acceptance credit: Akzeptkredit, Wechselkredit. Oder acceptance liability: Wechselobligo.

acceptance liability

Wechselobligo.
Eine Eventualverbindlichkeit.

account Konto.
Dokumentiert die Geschäftsvorfälle in Form von Soll- und Habenbuchungen.

accountability Rechenschaft, Rechenschaftspflicht.
Die Verpflichtung, eine Funktion, einen Auftrag korrekt zu erledigen. Die Grundlage kann ein Gesetz, eine Satzung, eine Vereinbarung sein.
Nicht zu verwechseln mit Verantwortung = responsibility.

accountancy Buchhaltung, Rechnungswesen.
→ accounting.
→ bookkeeping.

accountant ein Fachmann des Rechnungswesens.
Qualifizierter als ein Buchhalter.
→ bookkeeper.
→ certified public accountant.
→ chartered accountant.

accounting buchen, berichten.
Rechnungswesen schlechthin. Mehr als die reine elementare Buchhaltung, z. B. Bilanzen und andere Finanzberichte aus Buchhaltungsunterlagen zubereiten; in Übereinstimmung mit anerkannten Buchhaltungsbegriffen und -regeln.
→ bookkeeping.

accounting concepts, accounting principles Buchhaltungsbegriffe, Buchhaltungsgrundsätze.
Bilanzierungsvorschriften.
Vorschriften und Regeln, die es ermöglichen, aus Buchhaltungsunterlagen Bilanzen und andere finanzielle Aufstellungen abzuleiten; z. B. Bewertungs- und Gliederungsvorschriften.

accounting language Buchhaltungsausdrücke.
Die sachlich-fachliche und nicht die alltägliche Bedeutung von Ausdrücken.

accounting on a cash basis
Einnahmen- und Ausgabenrechnung. → cash basis accounting. Im Gegensatz zu → accrual (basic) accounting.

accounting period
Rechnungsperiode. Die Zeit von einer (Jahres-)Bilanz bis zur nächsten. Die Zeit der Gewinn- und Verlustrechnung. Variiert von einem Monat bis zu einem Jahr.

accounting statements, financial statements
Bilanz und Erfolgsrechnung. Bilanz, Gewinn- und Verlustrechnung, die Entwicklung des Anlagevermögens, die Aufstellung einbehaltener Gewinne, die Kapitalflußrechnung, die Cash-Flow-Rechnung.

accounts payable
Gläubigerkonten. Gläubiger; Geld, das ein Unternehmen Dritten schuldet, meistens Lieferanten. Eine kurzfristige Verbindlichkeit, zahlbar spätestens innerhalb eines Jahres, meist aber nach wenigen Wochen.

accounts receivable
Außenstände, Forderungen. Schuldner; Geld, das der Firma geschuldet wird, in der Regel von Kunden. Gehört zum Umlaufvermögen; meist kurzfristig.

accounts receivable turnover
Forderungsumschlag. Eine der wichtigsten Finanzkennziffern (ratios) zur Steuerung des Unternehmens. → turnover of accounts receivable.

accrual, allowance, provision, reserve
Rückstellung. Eine Verbindlichkeit in ungewisser Höhe, fällig zu einem ungewissen Zeitpunkt. Eine mittel- (1–5 Jahre) bis langfristige Verbindlichkeit. Auf der Passivseite der Bilanz, aber nicht unter Verbindlichkeiten, sondern unter Rückstellungen ausgewiesen, und zwar wie folgt:

B. Rückstellungen.
1. Rückstellungen für Pensionen und ähnliche Verpflichtungen
2. Steuerrückstellungen
3. Sonstige Rückstellungen.

accrual (basic) accounting

periodisches Rechnungswesen.
Das Gegenteil der Einnahmen- und Ausgabenrechnung. Der Erlös (Gewinn) wird als solcher verbucht, wenn er fakturiert wird, obwohl das Geld noch nicht eingegangen ist, z. B. Kreditverkäufe. Entsprechend werden Aufwendungen anerkannt und verbucht, obwohl (noch) keine Zahlung geleistet wurde, z. B. Abschreibungen.
→ cash basis accounting.

accrual balance sheet

Abschlußbilanz.
Bilanz am Ende des Geschäftsjahres. Eine Zeitpunktdarstellung. Nur der in dieser Bilanz ausgewiesene Gewinn darf ausgeschüttet werden.

accruals, to provide for

Bildung von Rückstellungen, Erhöhung von Rückstellungen.
In keinem Falle ein Geldabfluß; ein Aufwand, keine Ausgabe.

accrued expenses, accrued liabilities

passiver Rechnungsabgrenzungsposten.
Wird bei den Angelsachsen unter Fremdkapital (meist kurzfristig) ausgewiesen. Aufwendungen, die eingetreten, aber noch nicht bezahlt sind, z. B. Zinsen, fällig am Jahresende, die aber erst im kommenden Jahr bezahlt werden.

accrued interest, payable/receivable

Abgrenzung von Zinsaufwand/Zinsertrag.
Notwendig, um das Periodenergebnis sauber zu erfassen und auszuweisen.

accrued liability

Rückstellung.
Eine Zahlungsverpflichtung, sowohl kurz-

als auch langfristig. Enthält oft eine verdeckte Rücklage, z. B. eine Rückstellung für einen Prozeß, die zu hoch angesetzt ist.

accrued revenue, accrued income

aktiver Rechnungsabgrenzungsposten.
Geld, das im laufenden Geschäftsjahr verdient wurde, das aber erst im kommenden Jahr empfangen werden wird, z. B. Zinsen oder Miete.

accumulated deficit, beginning of year

Verlustvortrag.
Der Verlust einer Rechnungsperiode, der auf die folgende Periode übertragen wird.

accumulated depletion

Wertberichtigung auf Bodenschätze.
Abschreibung wegen Substanzverzehr.
Substanzverzehr.

accumulated depreciation

Rückstellung für Abschreibungen.
Eine indirekte Abschreibung im Gegensatz zur direkten Abschreibung.
Auch: Wertberichtigung, z. B. auf Positionen des Umlaufvermögens (Vorräte, Forderungen). Der Teil der Anschaffungskosten (eines Anlagegutes), der einer Rückstellung für Abschreibungen gutgeschrieben wurde.

accumulated profits

unverteilter Gewinn.
Einbehaltene Gewinne. Erhöht das Eigenkapital. Sollte auch eine Rendite abwerfen. Oft der übriggebliebene, nicht verteilte Saldo des Gewinn- und Verlustkontos.

acid test ratio, quick ratio

Zahlungsbereitschaft I oder Liquidität erster Ordnung/Grades oder Säuretest oder la hora de la verdad.
Die wichtigste Liquiditätskennziffer. Das Verhältnis von Umlaufvermögen (abz. Vorräte) zu kurzfristigen Verbindlichkeiten. Die Relation sollte, um liquide und lebensfähig zu bleiben, nicht weniger als 1:1 sein.

Die Formel lautet:

$$\frac{\text{kurzfristige Aktiva}}{\text{kurzfristige Verbindlichkeiten}}$$

→ current ratio.

acquisition Anschaffung.

acquisition cost Anschaffungskosten.
Der Listenpreis plus die üblichen Nebenkosten wie Transport und Installationen.

addition to fixed assets Zugang zum Anlagevermögen.
Kauf eines Wirtschaftsgutes oder Aktivierung von Aufwendungen.

additional charges Nebenkosten.
In der Regel kleinere Ausgaben zusätzlicher Art.

administrative expenses Verwaltungskosten.
Die Aufwendungen für die Führung und Kontrolle eines Unternehmens, z. B. Gehälter, Honorare, Miete, Licht, Heizung, Anwaltsgebühren.
Nicht: Aufwendungen für Forschung und Entwicklung, Produktion, Vertrieb.

advance payment, advances paid Vorauszahlung, geleistete Anzahlung.
Gehört zum Umlaufvermögen.
Keine finanzielle Forderung.

advertising Werbung.

advisory council Beirat.

affiliated company Konzerngesellschaft.
Ein Unternehmen, dessen Aktien oder An-

teile von einer Muttergesellschaft gehalten werden (weniger als 50%). Gehört zum Finanzanlagevermögen der Muttergesellschaft.
→ associated company.

aging of accounts

nach dem Alter aufgeschlüsselte Forderungen.
Das Altern der Außenstände unterteilt in Kategorien:
a) noch nicht fällig,
b) fällig,
c) überfällig bis 30 Tage,
d) 31 bis 60 Tage,
e) 61 bis 90 Tage usw.

allowance

Rabatt; auch Aufwandsentschädigung.
Beispiel: Reisekosten, Miete.

allowance for doubtful accounts, allowance for bad debts, provision for bad debts, reserve for bad debts (outdated)

Wertberichtigung für zweifelhafte Forderungen. Eine Position für möglicherweise uneintreibbare Außenstände. Verringert den Buchwert der Forderungen. Die Höhe ist ein Erfahrungsgrundsatz.
→ bad debts etc.

amortization

Amortisation, Abschreibung.
Die Wertverringerung eines Vermögensgutes, das nicht zum Anlagevermögen gehört.

analysis of financial statements

Bilanzanalyse.

ancillary expenses

Nebenkosten.
Wertmäßig unbedeutende Zusatzkosten.

annual accounting period, fiscal year

Geschäftsjahr, Bilanzjahr.
Meist, aber nicht notwendigerweise identisch mit dem Kalenderjahr.

annual balance sheet
Jahresbilanz, Abschlußbilanz.
Eine Zeitpunktdarstellung. Ein künstlicher Schnitt durch das Unternehmen zu einem willkürlich gewählten Zeitpunkt; in der Regel das Jahresende.

annual report, annual financial statements
Jahresbericht, Jahresabschluß.
Umfaßt die Bilanz, die Gewinn- und Verlustrechung, die Aufstellung der einbehaltenen Gewinne, die Kapitalflußrechnung, die Cash-Flow-Rechnung, den Geschäftsbericht, den Anhang zum Jahresabschluß. Der Jahresabschluß wendet sich an die Aktionäre / Gesellschafter / Inhaber, die Gläubiger, die Banken, die Lieferanten, die Kreditgeber, die Mitarbeiter, mögliche Investoren, die einschlägigen aufsichtsführenden Behörden, z. B. die Securities and Exchange Commission.
→ SEC.

annuity
Annuität, Rente.
Eine vorausbestimmte Anzahl von Zahlungen oder Geldeingängen zu festgelegten Terminen, z. B. Schuldentilgung oder Pension.

anticipated losses, contingent losses
drohende Verluste.
Im Unterschied zu möglichen Gewinnen müssen drohende Verluste bilanziert werden, z. B. durch eine Rückstellung.

aperiodic, acyclic
aperiodisch.
Erlöse und Aufwendungen beziehen sich auf vergangene oder zukünftige Rechenperioden, z. B. Auflösung einer nicht benutzten Rücklage ist ein periodenfremder Erlös.
Nicht: Teil des Betriebsgewinns.

appendices
→ exhibits.

application of cash
→ use of cash.

application of funds	Mittelverwendung, Mittelabfluß. Teil der Kapitalflußrechnung; zeigt die Vorgänge, die das Working Capital verringern, z. B. Investitionen oder Schuldentilgung. → use of funds.
appraisal	Bewertung, Schätzung. Die Bewertung der Aktien und die Gliederung der Bilanzpositionen sind die wichtigsten Objekte der Jahresabschlußprüfung durch den vereidigten Wirtschaftsprüfer.
appropriate	→ earmarked.
appropriated retained earnings, appropriated earned surplus, appropriated reserve, earmarked position	zweckgebundene Rücklagen. Nicht länger für Dividendenzahlungen verfügbar, sondern nur für bestimmte Zwecke, z. B. Kredittilgung oder Investitionen.
appropriation of funds	Bereitstellung von Geld und Geldanlagen. Beispiele: für Investitionen oder Kursrisiken.
appropriation to reserves from share premiums	→ capital surplus.
assets	Aktiva, Vermögen. Materielle und immaterielle Werte, deren Kosten meßbar sind und die dem Unternehmen in Zukunft einen Gewinn erwirtschaften sollen. Anlage- und Umlaufvermögen. In der Bilanz: A. Anlagevermögen I. Immaterielle Vermögensgegenstände II. Sachanlagen III. Finanzanlagen B. Umlaufvermögen I. Vorräte

II. Forderungen und sonstige Vermögensgegenstände
III. Wertpapiere
IV. Bank- und Postgiroguthaben, Guthaben bei Kreditinstituten
C. Rechnungsabgrenzungsposten
( ) Nicht durch Eigenkapital gedeckter Fehlbetrag.

associated company
Konzerngesellschaft.
Ein verwandtes Unternehmen; auf der Basis der Kapitalverflechtung.
→ affiliated company.

attachments
→ exhibits.

audit
Buchprüfung.
Eine Kontrolle der Buchhaltungsunterlagen und der Buchhaltungsmethoden.
Wir unterscheiden:
a) die Pflichtprüfung durch einen vereidigten Wirtschaftsprüfer;
b) die Innenrevision durch den Innenrevisor, der dem Controller untersteht;
c) die Management Audit, welche die Effizienz der Unternehmensführung prüft.

auditor
Buchprüfer, Bilanzprüfer, Revisor.
Ein Kontrolleur von unterschiedlicher Ausbildung und Qualifikation; auch vereidigter Wirtschaftsprüfer.

auditor's report
Prüfungsbericht.
Eine Analyse und Bewertung des Finanz- und Rechnungswesens einer Firma.

authorized capital
Aktienkapital, ausgegeben, gezeichnet.
Gesetzlich autorisiertes Aktienkapital. Stammaktien und Vorzugsaktien; letztere ohne Stimmrecht, aber mit Dividendengarantie.

average — Durchschnitt.
Typischer oder repräsentativer Wert; z. B. durchschnittliches Alter von Außenständen.

average collection period — durchschnittliche Frist der Zahlungseingänge.
Umschlag der Forderungen.

average life,
service life,
useful life — durchschnittliche Nutzungsdauer eines Wirtschaftsgutes.

B

bad debt loss — Kundenausfall.

bad debt reserve — Wertberichtigung für zweifelhafte Forderungen, Delkredererückstellung.
Eine indirekte Abschreibung; eine Korrektur des Buchwertes der Außenstände.
→ allowance for doubtful accounts.

bad debts, doubtful accounts — zweifelhafte oder uneinbringliche Außenstände. Delkredererückstellung.
Die endgültige uneinbringliche Forderung muß abgeschrieben = ausgebucht werden.

bad debts recovered — Eingang abgeschriebener Forderungen.
Ein periodenfremder, außerordentlicher Ertrag, der gleichzeitig ein Geldeingang ist.

balance — Saldo.
Der Unterschied zwischen der Summe der Soll- und der Summe der Habenbuchungen in einem Konto.
Beispiel: Sollsaldo = die Summe der Sollbuchungen ist höher als die der Habenbuchungen.

balance sheet — Bilanz.
Eine Gegenüberstellung von Vermögen und Schulden eines Unternehmens. Die Differenz ist das Reinvermögen.
Die Bilanz ist eine Zeit*punkt*darstellung.
→ net worth.
→ profit and loss account.

balance sheet for tax purposes — Steuerbilanz.

balance sheet as of date reorganization — Umwandlungsbilanz.

balance sheet classification — Bilanzgliederung.
Die Zuordnung der einzelnen Konten der Bilanz in die dafür vorgesehenen Positionen wie Anlage- und Umlaufvermögen, Eigen- und Fremkapital. Die Prüfung der Bilanzgliederung und der Bilanzbewertung sind die wichtigsten Aufgaben des Bilanzprüfers.
→ appraisal.

bank overdraft — Bankkredit.
Überziehungskredit.
Kostet normalerweise eine Überziehungsprovision (overdraft fee).

bankers' rule — eine Vorgabe der Bankiers/Kreditgeber.
Eine Liquiditätskennziffer. Das Umlaufvermögen sollte doppelt so hoch sein wie die kurzfristigen Verbindlichkeiten.
→ current ratio.

bankruptcy — Konkurs.
In der Regel provoziert durch Zahlungsunfähigkeit.
→ insolvency.

bearer bond, coupon bond — Inhaberschuldverschreibung.
used for → tax evasion.

beneficial interest — Nießbrauch, Genußrechte.

bill — zweierlei Bedeutung:
a) Rechnung
b) Wechsel.

bill of exchange, draft — Wechsel, Zahlungsanweisung.
Verwendung im internationalen Handel. Eine Anweisung. Beispiel: eine Aufforderung von einem Exporteur an einen Importeur, zu einem bestimmten Zeitpunkt einen bestimmten Betrag zu zahlen.

bona fide
in gutem Glauben, gutgläubig, echt.
Ohne Hintergedanken.

bonds
Schuldscheine.
Langfristige Anleihen. Oft abgesichert durch Teile des Anlagevermögens.
→ debenture.

bookkeeper
Buchhalter.
Der die Konten verbucht. In den angelsächsischen Ländern weniger qualifiziert als der → accountant.

bookkeeping
Buchhaltung.
Das Festschreiben der Geschäftsvorfälle nach anerkannten und geregelten Grundsätzen.
→ accounting.

book value
Buchwert.
Zwei Bedeutungen:
a) der Wert der Vermögensgegenstände in der Buchhaltung; Anschaffungskosten abz. Abschreibung;
b) der Wert der Stammaktien.

branch
Zweigniederlassung.

break-even-point
Gewinnschwelle. Der tote Punkt.
Der Punkt, an dem sich Gesamtkosten und Gesamterlöse kreuzen. An diesem Punkt deckt die Summe der Verkäufe alle fixen Kosten plus die variablen Kosten, die bis zu diesem Punkt angefallen sind. Das Unternehmen arbeitet ohne Gewinn oder Verlust.

brought forward
Übertrag.
Die Summe oder der Betrag am Kopf einer neuen Seite.
→ carried forward.

budget

Budget.
Eine zahlenmäßige Vorausschau auf die Aktivitäten des kommenden Geschäftsjahres. Sie umfaßt das komplette voraussichtliche Zahlenwerk des nächsten Geschäftsjahres. Sie sind ausgedrückt in den Zahlen der Aktiva, Passiva, Aufwendungen und Erträge. Ein komplettes Budget gipfelt in der voraussichtlichen Bilanz und Erfolgsrechnung.
→ pro forma financial reports or statements.

budget variance

Budgetabweichung.
Die Differenz zwischen Soll und Ist, zwischen Vorausschau und den Tatsachen.

buildings

Bauten.
Teil des Anlagevermögens, sofern es nicht zum Weiterverkauf bestimmt ist. Wird über die Dauer der Nutzung abgeschrieben. Bilanzwert: Anschaffungskosten abz. Abschreibung (Buchwert). Gelegentlich periodisch neu bewertet. Land wird nicht abgeschrieben.

buildings on non-owned land

Bauten auf fremden Grundstücken.
In der Bilanz ausgewiesen unter
A. Anlagevermögen
II. Sachanlagen.

burden

Gemeinkosten.
→ overhead.

business

Geschäft.
Unternehmen.

bylaws

Statuten, Gesellschaftsstatuten.
Sie müssen sich den gesetzlichen Vorschriften anpassen.

C

call money
(no double meaning)

Tagesgeld.
Jederzeit verfügbare Anleihe.

capacity

Kapazität.

capacity costs

Kapazitätskosten.
Teil der fixen Kosten.

capital

Kapital, Vermögen.
Mehrere verschiedenartige Begriffe:
a) Aktienkapital;
b) Eigenkapital;
c) Working Capital;
d) Gesamte Aktiva;
e) Investiertes Kapital;
f) Reinvermögen.
Das Eigenkapital oder Reinvermögen umfaßt das Aktienkapital/Stammkapital plus offene Rücklagen.
Die klare deutsche Unterscheidung zwischen Vermögen (Aktiva) und Kapital (Passiva) machen die Angelsachsen nicht.

capital budget(ing)

Investitionsplanung.
Eine budgetierte Ausgabe für eine langfristige Vermögensanlage.

capital deficit

Fehlbetrag.
Ein Defizit in der Bilanz, das nicht mehr durch Eigenkapital gedeckt ist.

capital outlay,
capital expenditures on
tangible fixed assets

Investitionen (in Sachanlagen).
Die geldliche Ausgabe für ein Anlagegut, z. B. eine Maschine.
Nicht für Güter des Umlaufvermögens.

capital reserve

Kapital-Reserve, auch Überschuß.
Teil des Eigenkapitals.
Nicht verfügbar für Gewinnausschüttung.
Nicht: flüssige Mittel.

capital stock

Aktienkapital/Stammkapital.
Ausgegebene Aktienanteile in gängigen Währungen: Dollar, DM, Franken etc.
→ common stock.
→ ordinary stock.

capital subscribed

gezeichnetes Kapital.
Von den Gesellschaftern gezahlte Gelder = bezahlte Aktien/Anteile.

capital surplus or premium on capital stock or paid-in surplus

Kapitalrücklage.
Das Agio/Aufgeld aus Kapitalerhöhung über pari. Darf nicht zur Gewinnausschüttung verwendet werden. Teil des Eigenkapitals.

capital turnover

Kapitalumschlag.
Die Formel lautet:

$$\frac{\text{Umsatz}}{\text{Kapital}}$$

capitalize, to

aktivieren.
Einen Aufwand einem Anlagekonto belasten, z. B. eine Reparatur, die die Leistung und/oder die Lebensdauer einer Maschine erhöht/verlängert.

carried forward

Übertrag.
Die Summe oder der Betrag am Fuß einer Seite.
→ brought forward.

cash

Kasse + Bankguthaben + Postscheck; auch: flüssige Mittel.
Die geldlichen Aktiva eines Unternehmens. Cash ist *nicht* nur Kasse. Teil des Umlaufvermögens.

cash balance, cash position
Bestand an flüssigen Mitteln.
Umfaßt Kasse, Bank, Postscheck.

cash basis accounting
Einnahmen- und Ausgabenrechnung.
Ein Buchungssystem, bei dem Erlöse und Aufwendungen nur dann anerkannt werden, wenn Geld empfangen bzw. ausgegeben wird. Dies findet seinen Niederschlag in der Cash-Flow-Rechnung. Für die entgegengesetzte Abrechnungsart → accrual (basis) accounting.

cash budget
Budget der Einnahmen und Ausgaben.
Der geschätzte cash inflow und outflow für eine bestimmte Zeit, meist ein Jahr, als Ergänzung des normalen jährlichen Budgets. Das Ziel ist, sowohl finanzielle Engpässe als auch zu hohe, unrentable flüssige Mittel zu vermeiden.

cash discount
Skonto.
→ sales discount.

cash down
bar.

cash flow
Geldfluß, Geldströme, Veränderung der flüssigen Mittel.
Besteht aus cash inflow und cash outflow während einer Rechnungsperiode: Geldeingänge abz. Geldausgänge. Manchmal versteht man unter cash flow nur den Saldo von cash inflow und cash outflow. Das ergibt dann einen positiven bzw. negativen Cash Flow.
→ funds flow.

cash flow cycle
→ operating cycle.

cash flow statement
Cash-Flow-Rechnung.
Erfordert die Analyse eines jeden Kontos, um Herkunft und Verwendung von cash zu bestimmen. Der Saldo ist der Betrag,

um den sich die flüssigen Mittel während der Rechnungsperiode erhöht oder verringert haben. Die Cash-Flow-Rechnung erklärt, warum sich gelegentlich Gewinn und flüssige Mittel in entgegengesetzter Richtung entwickeln. Sie unterstreicht, daß Aufwendungen und Ausgaben sowie Erlöse und Geldeingänge nicht immer identisch sind.
→ statement of changes in financial position.

cash in bank or cash at bank

Bankguthaben.
Girokonto; jederzeit verfügbare Mittel.
Sparkonto.

cash inflow

Geldzufluß.
Positiver Cash Flow. Zwei Quellen:
a) betriebliche Tätigkeit, z. B. Barverkäufe, Einzug von Außenständen;
b) Transaktionen mit dem Geld- und Kapitalmarkt, z. B. Kreditaufnahme, Kapitalerhöhung.
→ cash basis accounting.

cash on delivery

zahlbar bei Lieferung.

cash on hand, money

Bargeld.
Der flüssigste Posten aller Aktiva.
Wird aus Rentabilitätsgründen auf das absolut Notwendige begrenzt.

cash outflow, cash outlay

Geldabfluß.
Negativer Cash Flow.
a) Aufwendungen, die auch Ausgaben sind; z. B. Löhne und Gehälter;
b) Buchungen innerhalb der Bilanz, die zwar keine Aufwendungen, gleichwohl aber Ausgaben sind, z. B. Investitionen.
→ cash basis accounting.

Teil der Cash-Flow-Rechnung.

cash requirement	Finanzbedarf. Teil des → cash budget.
cash sales	Barverkäufe. Erlöse und Geldeingänge sind identisch, im Gegensatz zu credit sales. Beispiel: Barverkauf einer voll abgeschriebenen Maschine.
cash transaction	Bartransfer. Empfang oder Zahlung von Geld.
cash value	Barwert. Der gegenwärtige oder Marktwert eines Aktivums.
cash with order	zahlbar bei Auftragserteilung.
cashier, teller, purser	Kassierer.
certificate	Bestätigungsvermerk (des Wirtschaftsprüfers).
certified public accountant (US)	Wirtschaftsprüfer. Der vereidigte Prüfer des Jahresabschlusses. Abgekürzt C.P.A. in den USA.
chairman of the board of management, managing director, president	Vorstandsvorsitzender. Der höchste Entscheidungsträger.
charge, debit	Belastung. Eine Erhöhung von Aktiva oder Aufwendungen. Eine Verringerung von Eigen- oder Fremdkapital.
chart of accounts	Kontenplan. Eine Liste aller Konten, arrangiert nach dem Dezimalklassensystem.

chartered accountant (Brit)
Wirtschaftsprüfer.
Der vereidigte Jahresabschlußprüfer. Abgekürzt C.A. in Großbritannien.

checking account
Girokonto.
Bankguthaben, jederzeit verfügbar.

claims
Forderungen, Anspruch.
Forderungen gegen die Aktiva einer Firma. Die Forderungen der Gläubiger heissen Verbindlichkeiten. Die Forderungen der Inhaber/Gesellschafter heißen Eigenkapital.

clearing account
Verrechnungskonto.

clerical error
Schreib- oder Rechenfehler.
Es handelt sich um Fehler untergeordneter Mitarbeiter.

closing balance
Endsaldo.
Die Differenz zwischen der Summe der Soll- und der Summe der Habenbuchungen auf einem Konto; wird übertragen auf die Bilanz oder die Gewinn- und Verlustrechnung: Abschlußbuchungen.
→ opening balance.

closing entry
Abschlußbuchung.
Eine Buchung am Ende der Rechnungsperiode, um die Bücher abzuschließen und die Abschlußbilanz aufzustellen.

closing stock (inventory)
Vorräte.
Die Lagerbestände am Ende einer Rechnungsperiode. Teil des Umlaufvermögens; bewertet nach dem Niederstwertprinzip.
→ lower of cost or market value principle.

closing the accounts
Abschluß, Abschlußbuchungen.
→ closing entry.

collateral

Sicherheit, Sicherheiten.
Sicherheiten werden gegeben, um beispielsweise eine Anleihe zu garantieren: Vorräte oder Forderungen werden an eine Bank abgetreten.
Vorsicht: aus der Bilanz nicht zu erkennen.

collusion

heimliche Absprache zwischen zwei oder mehreren Mitarbeitern, um eine Unterschlagung oder sonstigen Betrug zu begehen. Gefährlich, weil kaum zu verhindern.
→ embezzlement.

commission

Provision.
Verpflichtung/Zahlung gegenüber einem Agenten, im allgemeinen für eine Dienstleistung.

common stock (US)

Aktienkapital, Stammaktien.
Das Grundkapital einer Aktiengesellschaft. Die Aktie ist ein Dokument, das dem Inhaber gewisse Rechte verleiht: Stimmrecht und Gewinnbeteiligung.
→ ordinary stock.

company

Gesellschaft.
Eine juristische Person, gebildet von meist mehreren natürlichen Personen zur Erreichung eines gemeinsamen Zwecks, z. B. als AG oder GmbH. Die Haftung der Gesellschafter ist beschränkt.

company-manufactured items capitalized

aktivierte Eigenleistungen,
aktivierte Kosten.
Von den eigenen Handwerkern erbrachte Leistungen, die unter Anlagevermögen aktiviert werden, z. B. Gebäude, Sozialeinrichtungen.

comparative figures

vergleichbare Zahlen.

compatibility Vergleichbarkeit, Verträglichkeit.
Ein Buchhaltungsbegriff. Berichte aus dem Finanz- und Rechnungswesen werden derart aufbereitet, daß sie über eine längere Zeit miteinander vergleichbar sind, d. h. vor allem, Gliederung und Bewertung sind einheitlich.
→ consistency.

competition Wettbewerb.

compound interest Zinseszins.

compulsory employee benefit expenses gesetzliche soziale Aufwendungen.

condensed balance sheet/ consolidated balance sheet kondensierte/zusammengefaßte Bilanz. Konzernbilanz. Eine Bilanz mehrerer juristisch selbständiger Unternehmen, die aber eine wirtschaftliche Einheit bilden.

conservatism konservativ; vorsichtige Bewertung.
Ein Buchhaltungsprinzip; folgt dem Gebot der Vorsicht. Gewinne werden erst dann gezeigt, wenn sie realisiert worden sind. Umgekehrt: Verluste werden ausgewiesen, sobald man sie erkannt hat.

consistency Bilanzkontinuität, Anwendung gleicher Grundsätze.
Bilanzierungsgrundsätze, die prinzipiell und einheitlich angewandt werden, um die verschiedenen Perioden miteinander vergleichen zu können.
→ compatibility.

consolidated balance sheet Konzernbilanz, konsolidierte Bilanz.

construction in progress im Bau befindliche Anlagen.
Obwohl unvollendet, wird diese Position unter „Anlagevermögen" ausgewiesen; langfristig.

contingent liability

Eventualverbindlichkeit.
Eine Obligation, die gelegentlich nicht in der Bilanz verzeichnet wird, da die Verbindlichkeit als solche noch nicht entstanden ist; kann dann als Fußnote in der Bilanz erscheinen, z. B. eine gegebene Bürgschaft.

contingent liabilities and commitments

Haftungsverhältnisse (in der Bilanz):
a) Verbindlichkeiten aus der Begebung und Übertragung von Wechseln;
b) Verbindlichkeiten aus Bürgschaften, Wechsel- und Scheckbürgschaften;
c) Verbindlichkeiten aus Gewährleistungsverträgen;
d) Haftung aus der Bestellung von Sicherheiten für fremde Verbindlichkeiten.

contribution costing

Deckungsbeitragsrechnung.
→ direct costing.

controller (Brit), comptroller (US)

Leiter des Rechnungswesens.
Nicht Kontrolleur.
Der Chef des Rechnungswesens. Eine seiner vornehmsten Aufgaben ist die Aufstellung und Kontrolle des jährlichen Budgets. Darüber hinaus trägt er Verantwortung für Berichtswesen, Innenrevision, Buchhaltung, Betriebsabrechnung und EDV.
→ treasurer.

convention

Annahme, Gewohnheitsrecht.
Viele Begriffe und Verfahren im Rechnungswesen entstehen aus Annahmen, die sich als praktikabel erwiesen haben.

convertible bond

Wandelschuldverschreibung.

corporation (Inc.)

Gesellschaft, Konzern.
Ein Unternehmen, das den Prozeß der gesetzlichen Firmengründung durchlaufen hat. Eine größere Aktiengesellschaft.

cost

Kosten.
Mehrere Bedeutungen:
a) Ausgabe für eine bestimmte Sache;
b) die Kosten für etwas errechnen;
c) direkte oder indirekte Kosten (direkte Kosten sind Teil der Herstellungskosten; indirekte Kosten sind Gemeinkosten).

cost accountant

Betriebsbuchhalter.

cost accounting

Kostenrechnung, Betriebsbuchhaltung.
Die Erfassung und Verarbeitung der Kostenarten, ihre Verteilung auf die Kostenstellen und Kostenträger und die Aufstellung der Kostenberichte.

cost concepts

Kosten- und Bewertungsprinzipien.
Buchhaltungsgrundsätze, z. B. Bewertung der Aktiva zu den Kosten. Genauer:
a) Anlagevermögen zu Anschaffungskosten abz. Abschreibung;
b) Umlaufvermögen nach dem Niederstwertprinzip.
→ cost or market value.

cost estimate

Vorkalkulation.
Die Kosten der Vergangenheit sind die Ausgangsbasis für die Schätzung der zukünftigen Kosten.

cost of financing

Finanzierungskosten.
Die Beschaffung, die Verteilung und das Management von Geld und Kapital; Eigen- und Fremdkapital, kurz- und langfristig; mit der jeweils günstigsten Verzinsung.

cost of goods sold

Herstellungskosten der verkauften Produktion oder Ware, Wareneinsatz.
Die Kosten der Waren (oder Dienstleistungen), die während einer Rech-

nungsperiode tatsächlich verkauft wurden. Umfaßt die Rohstoffe, direkte Löhne, Betriebsgemeinkosten. Ausgeschlossen sind die Kosten der unverkauften Güter sowie die nicht-betrieblichen Gemeinkosten. Verkäufe abz. Wareneinsatz ergeben den Bruttogewinn.
→ cost of sales.

cost of production
Fertigungskosten.
Fertigungsmaterial + Fertigungslöhne + Fertigungsgemeinkosten.

cost of sales
Gestehungskosten der verkauften Güter, Wareneinsatz.
→ cost of goods sold.

cost or market value, whichever is lower
Niederstwertprinzip.
Ein konservativer Bewertungsgrundsatz des Umlaufvermögens. Kosten oder Marktwert; der niedrigere der beiden ist der höchstzulässige Bilanzwert.
Beispiel: Lagervorräte und börsenfähige Wertpapiere werden nach diesem Vorsichtsprinzip bewertet. Gilt nur für das Umlaufvermögen.

credit investigation
Kreditwürdigkeitsprüfung.

credit limit
Kreditplafond.

credit rating
Kreditbewertung.
Entscheidet über die Kreditgrenze.

credit sales
Kreditverkäufe.
Erträge, Erlöse, aber keine Geldeingänge.
→ accrual (basis) accounting.

credit standing
Kreditwürdigkeit.

credit transaction
bargeldlose Transaktion.
Ein Vorgang, der die Verbindlichkeiten erhöht. Flüssige Mittel werden zunächst weder bezahlt noch erhalten.

creditor

Gläubiger.
Eine Person (juristisch etc.), der man Geld schuldet. Eine Verbindlichkeit.
Nicht Eigenkapital. Kurz- oder langfristig.

creditors' claims

Verbindlichkeiten.
Forderungen von Gläubigern. Fremdkapital.
Nicht Eigenkapital.

cumulative preference shares (preferred stock)

nachzugsberechtigte Vorzugsaktien.
Kumulative Vorzugsaktien, deren Dividenden, falls in einer bestimmten Periode nicht bezahlt, akkumulieren bis zum Zahltag. Die Dividende dieser Aktien muß bezahlt sein, bevor die anderer Aktien bezahlt wird (Vorzug!).

current account, running account, partner's account

Kontokorrentkonto, laufendes Konto, Verrechnungskonto.
Kann sowohl Teil des Umlaufvermögens als auch des Fremdkapitals sein.

current assets, revolving assets

Umlaufvermögen.
Wertgegenstände, die sich normalerweise innerhalb eines Jahres in Geld verwandeln. Also Vorräte, Forderungen, vorausgezahlte Aufwendungen, natürlich auch flüssige Mittel. Das Gegenteil: Anlagevermögen. Nicht aktive Rechnungsabgrenzungsposten.
In der Bilanz gegliedert wie folgt:

- I. Vorräte:
  1. Roh-, Hilfs- und Betriebsstoffe;
  2. Unfertige Erzeugnisse, unfertige Leistungen;
  3. Fertige Erzeugnisse und Waren;
  4. Geleistete Anzahlungen;
- II. Forderungen und sonstige Vermögensgegenstände:
  1. Forderungen aus Lieferungen und Leistungen;

2. Forderungen gegen verbundene Unternehmen;
3. Forderungen gegen Unternehmen, mit denen ein Beteiligungsverhältnis besteht;
4. Sonstige Vermögensgegenstände;

III. Wertpapiere:
1. Anteile an verbundenen Unternehmen;
2. Eigene Anteile;
3. Sonstige Wertpapiere;

IV. Schecks, Kassenbestand, Bundesbank- und Postgiroguthaben, Guthaben bei Kreditinstituten.

current liabilities

laufende, kurzfristige Verbindlichkeiten. Verpflichtungen, die innerhalb eines Jahres zu begleichen sind, in der Regel aber schon in wenigen Wochen; Lieferanten, Steuern, Löhne. *Nicht* mittel- oder langfristige Verbindlichkeiten, *nicht* Eigenkapital.

current portion of long-term debt

derjenige Teil einer langfristigen Verbindlichkeit, der kurzfristig (innerhalb eines Jahres) fällig wird. Eine kurzfristige Verbindlichkeit.

current ratio

Zahlungsbereitschaft II, Allgemeine Liquidität.
Ziffer vom Umlaufvermögen zu kurzfristigen Verbindlichkeiten. Eine Liquiditätskennziffer. Macht eine Aussage über die Zahlungsbereitschaft auf längere Zeit; bis zu einem Jahr.
→ working capital. Die Ziffer sollte 2:1 sein: bankers' rule.
Die Formel lautet:

$$\frac{\text{Umlaufvermögen}}{\text{kurzfristige Verbindlichkeiten}}$$

→ acid test ratio.

current tax liability kurzfristige Steuerschuld.
Fällig innerhalb eines Jahres.
→ future tax liability.

customer Kunde.
→ trade customers.

D

debenture

Obligation, Schuldverschreibung.
Ein langfristiges Wertpapier, das nicht durch eine Hypothek oder sonstwie abgesichert ist. Wird daher nur von großen finanzstarken Gesellschaften ausgegeben.

debit

→ charge.

debt

Schuld, Verbindlichkeit, Fremdkapital.
Eine Verpflichtung. Geld oder Dienstleistungen, die man einem Gläubiger schuldet. Meist kurz- oder mittelfristig.

debtor

Schuldner, Debitor.
Eine natürliche oder juristische Person, die einem Gläubiger Geld schuldet, z. B.: Das Konto Forderungen in der Bilanz repräsentiert Geld, das einem Unternehmen geschuldet wird. Ein Teil des Umlaufvermögens.

deductible

absetzbar, abzugsfähig.
Beispiel: steuerlich abzugsfähige Reisespesen.

deductible expenses

abzugsfähige Ausgaben.

deferred

zurückgestellt (passivisch); aufgeschoben (aktivisch).
Ein oder mehrere Konten, die der genauen Abgrenzung verschiedener Rechnungsperioden dienen, zwecks genauer Gewinnermittlung.
→ deferred expenses, etc.

deferred expenses, deferred charges

transitorisches Konto (aktiv).
Aktive Rechnungsabgrenzung.
Im voraus bezahlte Aufwendungen, z. B. Miete oder Versicherungsprämien.
Nicht eine finanzielle Forderung; daher auch gesondert und nicht als Teil des Umlaufvermögens in der Bilanz ausgewiesen.

deferred income

transitorisches Konto (passiv).
Die Umkehrung des vorherigen Begriffs. Erlöse, die vorzeitig erhalten wurden. Gewöhnlich als theoretische laufende Verbindlichkeit in der Bilanz ausgewiesen, bis das Geschäft realisiert worden ist. Dann wird aus der Verbindlichkeit ein Erlös.

deferred maintenance

aufgeschobene, zurückgestellte Instandhaltung.
Ein Fall der Bilanzfälschung. Verbessert die gegenwärtige Bilanz zu Lasten zukünftiger. Kann zahlreiche negative Folgen haben: Produktionseinbußen, Leistungsabfall, physische Schäden an Maschinen und Einrichtungen, Werteverlust, zukünftige Gewinneinbußen.

deficit

Defizit.

delinquent account receivable

zweifelhafte überfällige Forderung.
Der Nominalwert muß durch eine direkte oder indirekte Abschreibung (Wertberichtigung) korrigiert werden.

dependency agreement

Beherrschungsvertrag, zwischen Mutter- und Tochtergesellschaft.

depletion

Amortisation, Abschreibung.
Grund: Substanzverzehr wegen der Erschöpfung natürlicher Ressourcen, z. B. Kohle oder Öl.

depreciation (buildings, vehicles, etc.)

Abschreibung.
Die Übertragung der Anschaffungskosten eines Wirtschaftsgutes (Gebäude, Fuhrpark etc.) auf ein Aufwandskonto, verteilt über die voraussichtliche Dauer der Nutzung, um die Anschaffungskosten des Wirtschaftsgutes den Erlösen, die es zu verdienen hilft, gegenüberzustellen.

depreciation expense

Abschreibungen.
Die buchmäßige Wertminderung eines Wirtschaftsgutes während der Dauer seiner Nutzung. Ein Aufwand, aber keine Ausgabe.
→ depreciation.

depreciation for tax purposes

steuerliche Abschreibung.
In Deutschland meist identisch mit handelsrechtlicher Abschreibung, anders als in den USA.

diminishing (declining) balance depreciation

degressive Abschreibung.
Eine Abschreibungsmethode, bei der jährlich der gleiche Prozentsatz, bezogen auf den Restbuchwert, abgeschrieben wird. Das bedeutet, daß der absolute Abschreibungsbetrag von Jahr zu Jahr kleiner wird. Diese Methode trägt der tatsächlichen Wertminderung besser Rechnung als die lineare Abschreibung.
→ straight line depreciation.

direct costing

Deckungsbeitragsrechnung, Grenzkostenrechnung.
Nur die variablen Kosten werden dem Produkt belastet, z. B. direkte Löhne und Material. Auf die Belastung des Produkts durch indirekte, fixe Gemeinkosten wird verzichtet. Letzteres ist irreführend und zudem kostspielig.
→ operating cost.

director

Direktor.
Chef, Topmanager oder Leitender Angestellter.
Der Titel als solcher beinhaltet keine besonderen Rechte. Anders in Großbritannien und den USA: Managing Director ist in der Regel die Nummer 1.

disclosed reserves

offene Rücklagen.
Einbehaltene Gewinne. Teil des Eigenkapitals. Das Gegenteil von stillen und verdeckten Rücklagen.
→ hidden asset.

disclosure requirements

Offenlegungspflichten.
Beispiel: Information an einen potentiellen Kreditgeber.

discount

Diskont.

discounted cash flow (DCF)

abgezinster Geldfluß.
Eine Rechnungsart, die den Zeitwert des Geldes berücksichtigt. DM 1.000,– heute sind mehr wert als DM 1.000,– in einem Jahr. Hierauf beruht das Konzept der Zero Bonds. Die DCF-Technik ermöglicht eine genauere Beurteilung von Kapitalinvestitionen, insbesondere wenn mehr als eine Alternative vorliegt.
→ present value.
→ cash flow.

distribution of profits

Gewinnausschüttung.
Üblicherweise wird nicht der gesamte Gewinn verteilt.
→ retained earnings.

dividend yield

Ertrag pro Aktie als Prozentsatz.
Die Gewinnausschüttung als Prozentsatz pro Aktie, bezogen auf den Kurswert der Aktie, z. B. 20% Dividende, Kurswert 200, ergibt einen Ertrag von 10%.
→ price-earning-ratio.

double taxation

Doppelbesteuerung.
Ein verbreitetes Übel, das sowohl im nationalen als auch im internationalen Rahmen besteht; im letzteren Bereich wird es durch sog. Doppelbesteuerungsabkommen zwischen den Staaten eliminiert.

doubtful accounts

zweifelhafte Forderungen.
Außenstände, deren Eingang unwahrscheinlich ist. Müssen wertberichtigt werden.
→ delinquent account receivable.
→ value adjustments.

dual aspect

Doppik.
Abkürzung für Doppelte Buchhaltung. Die zwei Seiten einer Transaktion: Soll und Haben. Die Basis unseres Rechnungswesens. Erfunden in Oberitalien. Seit dem Beginn der Neuzeit unverändert.

due, payable

fällig, zahlbar.
→ aging of accounts.
→ overdue.

E

earmarked, appropriate

zweckgebunden.
Beispiel: zweckgebundenes Bankguthaben, z. B. für eine Investition oder eine Kredittilgung.

earned surplus, retained earnings

Gewinnrücklage.
Teil des Eigenkapitals. Eine offene Rücklage. Wird (möglicherweise) ganz oder teilweise als Gewinn ausgeschüttet.

earning power

Ertragskraft.
Der diskontierte Gegenwartswert der zukünftigen Gewinne eines Unternehmens.
Die ertragliche Leistungsfähigkeit eines Unternehmens.

earnings

Gewinn (brutto oder netto), Verdienst, Einkommen.
In der Regel der Reingewinn des Unternehmens, vor oder nach Steuern.
→ profit.
→ income.

earnings and performance

Ertragslage.
Finanzlage und Leistungskraft eines Unternehmens.
→ income, etc.

embezzlement

Unterschlagung.
Diebstahl von Geld oder anderen Wertgegenständen durch einen Mitarbeiter.
Die heimliche Zusammenarbeit zweier oder mehrerer Mitarbeiter, um eine Unterschlagung zu begehen (collusion); ist auch durch das perfekteste System der Internen Kontrolle kaum zu verhindern.
→ internal control.

employed capital

(betriebsnotwendiges) Vermögen.
Anlage- plus Umlaufvermögen, abz. Finanzanlagen.

employee welfare fund

Unterstützungsfonds, Unterstützungskasse.

encumbrance

hypothekarische Belastung.
Eine Anleihe, die durch das Pfandrecht auf ein Anlagegut abgesichert ist.

entertainment expenses

Bewirtungsspesen.
Abziehbar von der Steuer nur, falls eng mit einer geschäftlichen Aktivität verbunden. Sie müssen vernünftig und notwendig sein.

entity

wirtschaftliche Einheit, juristische Person.
Im vorliegenden Falle ein juristisches und Buchhaltungskonzept. Buchhaltungsberichte werden für eine bestimmte Organisation hergestellt, z. B. für eine Aktiengesellschaft.

equipment

Ausrüstung, Einrichtung.
Ein Anlagegut, zum längeren Einsatz im Unternehmen und nicht zum Verkauf bestimmt. In der Bilanz ausgewiesen zu Anschaffungskosten abz. Abschreibung.
Nicht zum Marktwert.

equity

Eigenkapital, Reinvermögen.
Summe der Aktiva abz. Verbindlichkeiten. Besteht aus dem eingezahlten Kapital (Grund-, Stamm-) plus einbehaltene Gewinne.
→ net worth.
In der Bilanz gegliedert wie folgt:
I. Gezeichnetes Kapital;
II. Kapitalrücklage;
III. Gewinnrücklagen;

1. Gesetzliche Rücklage;
2. Rücklage für eigene Anteile;
3. Satzungsmäßige Rücklagen;
4. Andere Gewinnrücklagen;

IV. Gewinnvortrag/Verlustvortrag;
V. Jahresüberschuß/Jahresfehlbetrag.

estimate, forecast

Voranschlag.
Eine Voraussage, eine Schätzung, eine Prognose, eine Vorausschau, z. B. die Sollzahlen in einem Budget.

evaluation

Bewertung.
→ appraisal.

excessive, obsolete or slow-moving stocks (of any kind)

zu hohe, veraltete oder sich langsam umschlagende (Ladenhüter) Vorräte aller Art. Ein Problem, das jeder Jahresabschlußprüfer zu untersuchen hat. Wirkt sich immer gewinnmindernd aus.

exhibits

Anlagen, Anhang.

expected life

Nutzungsdauer, voraussichtliche, eines Wirtschaftsgutes.
Notwendigerweise nur eine Schätzung, die aber die Grundlage der Abschreibungsrate ist.

expenditures

Ausgaben, Aufwendungen.
Eine Ausgabe, die meist mit einem Aufwand verbunden ist. Eine Ausgabe ist ein cash outflow, also ein negativer Cash Flow. Ein Aufwand, aber keine Ausgabe (a noncash outlay) ist z. B. eine Abschreibung.

expense reimbursement

Spesenerstattung.
Spesen sind steuerlich abzugsfähig, wenn sie eng mit der geschäftlichen Tätigkeit verknüpft bzw. durch sie verursacht worden sind.

expenses	Aufwand, Ausgaben. Expenses sind Aufwendungen, die nicht immer auch Ausgaben sind. Sie erscheinen in der Gewinn- und Verlustrechnung als Herstellungs-, Verwaltungs- und Vertriebskosten. Sie werden den Erlösen gegenübergestellt, um den Gewinn zu ermitteln. Sogenannte geringwertige Wirtschaftsgüter dürfen sofort nach der Anschaffung als Aufwand verbucht werden, um die Buchhaltung zu vereinfachen und kleine Reserven zu legen (Vorsichtsprinzip bei der Bilanzierung und Bewertung).
exposed net asset position, long position	aktive Devisenposition, Überschuß der Fremdwährungs-Aktiva über die Passiva. Der Überschuß wird zum Tageskurs bewertet.
exposed net liability position, short position	passive Devisenposition, Überschuß der Fremdwährungs-Passiva über die Aktiva. Bewertet zum Tageskurs.
extraordinary expenses	außerordentliche Aufwendungen. Beispiel: Unglücksfälle, Sonderreparaturen.
extraordinary income	außerordentliche Erträge. Beispiel: Ertrag aus einer Lebensversicherung.
extraordinary items	außerordentliche Positionen. Sie sind ungewöhnlich sowohl ihrer Art nach als auch wegen ihrer relativen Seltenheit. Sie werden daher auch in der Erfolgsrechnung getrennt ausgewiesen.
extraordinary result	außerordentliches Ergebnis. Kann sowohl auf der Haben- (Ertrag) als auch auf der Sollseite (Aufwand) ausgewiesen sein.

F

face value — Nominalwert, Nennwert.
Der Nominalbetrag von Aktien und Rentenpapieren. *Nicht* der Marktwert.

factory overhead — indirekte Produktionskosten, Gemeinkosten.
→ manufacturing expenses.

FIFO: first in, first out — Inventurbewertung.
Ein Verfahren der Belastung des Produktionsprozesses mit den Kosten der Rohstoffe. Diese werden der Produktion belastet in der Reihenfolge ihres Eingangs in das Lager.
→ LIFO.

final balance sheet — Abschlußbilanz.

financial assets — Finanzanlagen.
Investitionen mit einer (geplanten) Laufzeit von mehr als 1 Jahr.
In der Bilanz wie folgt ausgewiesen:
1. Anteile an verbundenen Unternehmen;
2. Ausleihungen an verbundene Unternehmen;
3. Beteiligungen;
4. Ausleihungen an Unternehmen, mit denen ein Beteiligungsverhältnis besteht;
5. Wertpapiere des Anlagevermögens;
6. Sonstige Ausleihungen.

financial balance sheet — Handelsbilanz.

financial commitment, financial obligation — finanzielle Verpflichtung.

financial position, financial status

Vermögenslage.

financial statements, financial reports

finanzielles Berichtswesen, wie Jahresabschlüsse und Erfolgsrechnungen. Monatliche, jährliche etc. Finanzberichte wie Bilanzen, Gewinn- und Verlustrechnungen, Cash-Flow-Rechnungen, Verkaufsstatistiken, Liquiditätsberichte.

financing with borrowed funds

Fremdfinanzierung.

finished goods

Fertigwaren, Fertigwarenlager.
Das Endlager des Produktionsprozesses, das auf den Verkauf wartet. Bewertet zu Herstellungskosten, ohne Berücksichtigung von Gewinn, Vertriebs- und Verwaltungskosten.

finished goods inventory turnover

Umschlag des Fertigwarenlagers.
Eine Kennziffer. Die Formel lautet:

$$\frac{\text{Umsatz}}{\text{Fertigwarenlager}}$$

Diese Kennziffer informiert, wie effizient das Vermögen des Unternehmens arbeitet: Je schneller sich das Lager umschlägt, um so rentabler werden die Aktiva eingesetzt, um so höher ist der Gewinn. Wichtig: Das Fertiglager, das in der Bilanz zu Herstellungskosten bewertet wird, muß, um nicht zu falschen Schlüssen zu kommen, auf Verkaufspreise hochgerechnet werden.

fiscal year, business year

Geschäftsjahr, Abrechnungszeitraum, Wirtschaftsperiode.
Üblicherweise ein Kalenderjahr. In Sonderfällen gibt es auch (kürzere) Rumpfgeschäftsjahre.

fixed assets, long-term assets, permanent investment

Anlagevermögen.
Aktiva wie unbebaute und bebaute Grundstücke, Maschinenpark, Betriebs- und Geschäftsausstattung; erworben zum langfristigen Gebrauch im Unternehmen. In aller Regel für länger als ein Jahr. Nicht zum Weiterverkauf bestimmt: regelmäßg (monatlich, jährlich) auf Gemeinkosten übertragen in Form der Abschreibung. In der Bilanz bewertet zu Anschaffungskosten abz. akkumulierte Abschreibung, nicht zum Marktwert. Gelegentlich neu bewertet. Unbebaute Grundstücke werden normalerweise nicht abgeschrieben.
In der Bilanz offiziell wie folgt ausgewiesen:
I. Immaterielle Vermögensgegenstände (→ intangible assets)
II. Sachanlagen (→ tangible assets)
III. Finanzanlagen (→ financial assets)

fixed budget, static budget

starres Budget.

fixtures and fittings

Zubehör, Installationen u.ä., Anlagegüter, Betriebsausstattung.
Anlagevermögen, sofern es zum längeren Gebrauch und nicht zum Verkauf bestimmt ist, z. B. die Beleuchtungsanlage im Betrieb oder im Büro.

flexible budget, alternative budget

flexibles Budget.
Das flexible oder variable oder alternative Budget berücksichtigt mehrere Leistungsvolumen, verschieden hohe Umsätze etc. Es ist dynamischer als das statische, starre Budget. Die Kostenkontrolle wird dadurch erleichert.

footnote, annotation

Fußnote.
Eine Zusatzinformation unter dem Strich,

betreffend u.a. Bilanzierungspolitik, Pensionspläne, Steuerprobleme, laufende Prozesse, Eventualverbindlichkeiten.

forecast

→ budget.

franchises

Konzessionen.
Teil der immateriellen Vermögensgegenstände. Anlagevermögen.

freehold estate

Grundstückseigentum.
→ leasehold property.

free-of-charge

ohne Berechnung.

free on board (F. O. B.)

frei an Bord (des Schiffes).
Eine Form der Rechnungsstellung. Die Ware wird an Bord geliefert ohne besondere Kostenbelastung.

friendly takeover, offer to acquire

freundliches Übernahmeangebot.
In Übereinstimmung mit der Geschäftsführung des zu übernehmenden Unternehmens.
Das Gegenteil: unfriendly/hostile = unfreundlich.

fund

Fonds; für bestimmte Zwecke gehaltene, verfügbare Mittel.
Flüssige Mittel oder andere Aktiva (Umlaufvermögen), die das Management für bestimmte Aufgaben bereitgestellt hat, z. B. die periodische Amortisation einer langfristigen Anleihe.

funds flow

Mittelzufluß und Mittelabfluß.
Das Funds-Flow-Statement zeigt die Gründe für die Veränderungen des Working Capital. Weniger detailliert als das Cash-Flow-Statement.
→ statement of changes in financial position.

funds-flow-statement

Mittelherkunfts- und Mittelverwendungsrechnung des Working Capital (siehe dort).

furniture and fixtures

Möbel, Installationen, Geschäftsausstattung.
Ein Teil des Anlagevermögens, falls es für den eigenen Gebrauch und nicht zum Weiterverkauf bestimmt ist.
→ fixtures and fittings.

future tax liability

Steuerrückstellung.
Eine Rückstellung für zukünftige Steuerzahlungen (Einkommensteuer/Körperschaftsteuer). Die Steuer wird berechnet auf den Gewinn des laufenden Jahres, obwohl sie erst zu einem späteren Zeitpunkt fällig ist. Normalerweise wird die Rückstellung eine kurzfristige Verbindlichkeit im nächsten Jahr.

G

general and administrative expenses

allgemeine Verwaltungskosten.
Beispiele: Buchhaltung, Personalwirtschaft, Steuerabteilung.

general expenses

sonstige Aufwendungen.
Aufwendungen, die nicht Teil der Produktions-, Vertriebs- oder Verwaltungsaufwendungen sind, z. B. Gebühren des Wirtschaftsprüfers, des Steuerberaters, Prozeßkosten.

generally accepted accounting principles

Grundsätze ordnungsmäßiger Buchführung und Bilanzierung.
→ accounting concepts.
→ true and fair.

general reserve

Rücklage, einbehaltene Gewinne.
Teil der aufgelaufenen Gewinne, die nicht ausgeschüttet werden, sondern in der Sektion Eigenkapital der Bilanz akkumuliert werden. Verhindert die Ausschüttung der Gewinne an die Inhaber, die gleichwohl Eigentümer bleiben. Kein Aktivum, keine Barmittel.

going concern

laufendes Geschäft.
Ein Buchhaltungsbegriff. Alle Berichte, Bilanzen, Aufstellungen aller Art aus dem Finanz- und Rechnungswesen basieren auf der Voraussetzung, daß das Unternehmen fortgeführt und nicht liquidiert wird. Alle Wertansätze in der Bilanz sind entsprechend zu beurteilen.

goods-in-process
halbfertige Erzeugnisse.
→ work-in-process.

goods in transit
Transitware, unterwegs befindliche Ware.

goodwill
Firmenwert, Geschäftswert.
Der Wert des Namens, des Rufs oder der immateriellen Positionen in der Bilanz. Das Rechnungswesen nimmt nur dann davon Kenntnis, wenn das Unternehmen den oder die Inhaber gewechselt hat. In diesem Falle ist es der Unterschied zwischen dem Verkaufspreis und dem Reinvermögen (→ net worth) des Unternehmens. Wird abgeschrieben. Aber meistens ist es ein verborgenes Aktivum.
→ hidden asset.

gross profit
Bruttogewinn.
Die Differenz zwischen den Herstellungskosten und den Umsatzerlösen. Der Gewinn ohne Berücksichtigung der Verwaltungs- und Vertriebsaufwendungen. Also *nicht* der Reingewinn.

gross profit percentage
Bruttogewinn in % des Umsatzes.
Ein Maßstab für die Profitrate eines Unternehmens.
Die Formel lautet:

$$\frac{\text{Bruttogewinn} \times 100}{\text{Umsatzerlöse}}$$

group
Gruppe.
Eine Gruppe von mehreren Gesellschaften.

guarantee (Brit), guaranty (US), warranty
Garantie, Aval, Bürgschaft.
Fußnote zur Bilanz.
Eine Eventualverbindlichkeit.
Keine Verbindlichkeit oder besser, noch keine. Muß aber als Fußnote erwähnt werden, z. B. eine Garantie für einen weitergegebenen Wechsel.

H

half-finished goods	halbfertige Erzeugnisse. → working-in-process.
hidden asset, hidden reserve	zweierlei Bedeutung: a) stille Rücklage, unterbewertetes Aktivum. Eine Reserve, die erst bei einer finanziellen Transaktion in Erscheinung tritt, z. B. unterbewertete Immobilien. b) Verdeckte Rücklage, überbewertetes Passivum. Meistens handelt es sich um eine zu hoch angesetzte Rückstellung, z. B. für ein Prozeßrisiko.
hidden profit distribution	verdeckte Gewinnausschüttung. Geschieht, um die Steuer zu umgehen.
home office	Stammhaus. Sitz des Unternehmens bzw. der Muttergesellschaft.

I

idle capacity	ungenutzte Kapazität. Beispiel: nicht ausgenutzter Maschinenpark.
imputed costs	kalkulatorische Kosten. Kosten, die nur geschätzt werden können.
incidental acquisition cost	Anschaffungsnebenkosten. Beispiele: Transport, Versicherung, Installation.
income	Gewinn, Ertrag, Einkommen, Profit. Gelegentlich versteht man darunter auch Verkäufe oder alle Arten von Erlösen. *Nicht* notwendigerweise identisch mit Geldeingängen.
income from investments	Erträge aus Beteiligungen. Ein nicht-betrieblicher Ertrag.
income from other long-term securities and loans	Erträge aus anderen Wertpapieren und Ausleihungen des Finanzanlagevermögens.
income from reversal of provisions for liabilities	Erträge aus der Auflösung von Rückstellungen. Ein nicht-betrieblicher Ertrag, in der Regel periodenfremd. Kein Geldzufluß.
income statement	Gewinn- und Verlustrechnung, Erfolgsrechnung. Der hier errechnete Gewinn ist nicht identisch mit Geldzufluß. → cash flow statement.

income tax liability

Einkommen- oder Körperschaftsteuerverbindlichkeit.
→ current tax liability.
→ future tax liability.

incomplete transaction

Periodenabgrenzung.
Geschäftsvorfälle, die bei Ende der Rechnungsperiode noch nicht abgeschlossen sind. Ein Unsicherheitsfaktor im Rechnungswesen. Anerkannte, allgemein akzeptierte Buchhaltungsgrundsätze müssen angewandt werden, um zu bestimmen, in welchem Zeitraum der Gewinn realisiert wurde.

increment

Zuwachs.
In Quantität und/oder Qualität.
Beispiel: ein Zugang zum Anlagevermögen.

incremental cost

Differenzkosten.
Die Kostendifferenz zwischen zwei oder mehreren Alternativen. Wichtig als Entscheidungshilfe bei Investitionsplanungen.

indebtedness

Verschuldung.
3 Arten von Verbindlichkeiten;
tatsächliche, geschätzte, mögliche (eventuelle).

indemnity, settlement compensation, severence payment

zweierlei Bedeutung:
a) Abfindung;
b) Abrechnung.
Beispiel: die Kosten der Trennung von einem (meist leitenden) Mitarbeiter.

indirect costs, overhead, burden

indirekte Kosten, meist fix.
Gemeinkosten, deren Zuordnung zu einer Leistungseinheit oft auf Schwierigkeiten stößt, z. B. Verwaltungsaufwand, Telefonspesen.

insolvency

Zahlungsunfähigkeit.

instalment, partial payment

Teilzahlung, Ratenzahlung.

intangible assets

immaterielle Vermögensgegenstände.
Beispiele: Konzessionen, gewerbliche Schutzrechte, Lizenzen, Firmenwert, Rechtstitel, Patente u.a. nicht greifbare Aktiva des Anlagevermögens.
Aktiva, deren Bewertung oft schwierig ist. Niemals Umlaufvermögen. Werden abgeschrieben.
In der Bilanz:

1. Konzessionen, gewerbliche Schutzrechte und ähnliche Rechte und Werte sowie Lizenzen an solchen Rechten und Werten;
2. Geschäfts- und Firmenwert;
3. Geleistete Anzahlungen.

→ goodwill.
→ tangible assets.

intercompany

zwischenbetrieblich.
In Konzernbilanzen werden zwischenbetriebliche Forderungen und Verbindlichkeiten eliminiert.
Beispiel: Transaktionen zwischen verbundenen Unternehmen.

interest expenses

Zinsaufwand.
Feststehende Zahlungen für eine finanzielle Verbindlichkeit.
→ long-term liability.

interest income

Zinserträge.
Feststehende Geldeingänge aus Finanz- und Anlagevermögen.

interim interest

Zwischenzins.
Zinsen, die in einem Zeitraum von weniger als einem Jahr gezahlt werden, z. B. vierteljährlich.

internal audit

Innenrevision.
Nicht identisch mit innerbetrieblicher Kontrolle, sondern ein Teil davon. Die Abteilung Innenrevision ist dafür zuständig, daß im Finanz- und Rechnungswesen anerkannte Buchhaltungsregeln praktiziert werden, ebenso wie die notwendigen Regeln der internen Kontrolle; nicht nur, um Unterschlagungen zu verhindern, sondern auch, um die Effizienz des Unternehmens sicherzustellen.
→ internal control.
→ true and fair.

internal auditor

Innenrevisor.
Bemüht sich um das perfekte Funktionieren des internen Kontrollsystems.

internal control

innerbetriebliche Kontrolle.
Methoden und Verfahren, um das Vermögen des Unternehmens zu schützen, Unterschlagungen zu verhindern, Fehler zu vermeiden, die Genauigkeit der Finanzberichte sicherzustellen. Die Innenrevision ist Teil des internen Kontrollsystems, insoweit als es das reibungslose Funktionieren des gesamten Systems garantiert.
→ internal audit.
→ embezzlement.
→ collusion.

invalid, void

ungültig.

inventory count

körperliche Bestandsaufnahme der Vorräte.
Meist, aber nicht notwendigerweise am Bilanzstichtag vorgenommen.

inventory of finished goods and trading stock

Fertigwarenlager, fertige Erzeugnisse und Waren.
Güter und Produkte, die zum Verkauf bereitstehen. Bewertet nach dem Niederst-

wertprinzip. Niemals bewertet zum Verkaufspreis. Teil des Umlaufvermögens.
→ lower of cost or market value principle.

inventory valuation adjustment

Wertberichtigung auf Vorräte.
Eine indirekte Abschreibung, weil Teile der Vorräte veraltet, sich langsam umschlagend oder zu hoch sind.
→ value adjustments.
→ valuation reserve.

investment

Investition.
Betrag, der im Sachanlage- oder Finanzanlagevermögen eines Unternehmens angelegt ist.
→ capital budgeting.
→ capital outlay.
Das Sachanlagevermögen wird abgeschrieben, mit Ausnahme des Grund und Bodens.
→ depreciation.
→ depreciation expense.

invoice, bill

Rechnung.

issued capital, issued stock

ausgegebenes, gezeichnetes Aktienkapital.
Teil des Eigenkapitals.
Der Preis, zu dem die Aktien ursprünglich ausgegeben wurden. Selten der Nominalwert.
→ authorized capital.
→ shares.
→ share capital.

issue price of a share

Aktienemissionskurs.
Der Preis, zu dem eine Aktie ursprünglich verkauft wurde. Der Ausgabekurs kann über oder unter dem Nominalwert liegen.
→ share premium.

J

joint venture

Arbeitsgemeinschaft.
Ein Gemeinschaftsunternehmen, eine Gesellschaft des bürgerlichen Rechts, die nur für die Dauer des Gemeinschaftsprojektes existiert.

L

labor union	Gewerkschaft.
land	Grund und Boden, eigenes oder gepachtetes Grundstück. Normalerweise Anlagevermögen. Bewertet zu Anschaffungskosten. Wird selten abgeschrieben. Gelegentlich neu bewertet, zum Marktpreis. Die Differenz zwischen Anschaffungskosten und Neubewertung erhöht das Anlagevermögen und damit die Rücklagen (Eigenkapital).
lawsuit, a case before a court	Prozeß.
lease, to	pachten.
lease	Pachtvertrag. Eine Vereinbarung, wonach der Pächter (lessee) Eigentum des Verpächters (lessor) gegen eine Pachtgebühr benutzen darf.
leasehold property	Pachtland. → freehold estate.
ledger (general)	Hauptbuch. Enthält die Buchhaltungskonten des Unternehmens.
legal and professional fees	Rechts- und Beratungskosten. → retainer fee.
legal entity, artificial person	juristische Person.

legal reserve

gesetzliche Rücklage.
Obligatorische Rücklage im Unterschied zur freien Rücklage.

leverage

Hebelwirkung (eigentlich unübersetzbar).
Befaßt sich u.a. mit den Kosten des im Unternehmen arbeitenden Kapitals, also Eigenkapital versus Fremdkapital.
Wenn die Rendite des Eigenkapitals höher ist als die Zinsen des Fremdkapitals, so empfiehlt es sich, weitere Investitionen mit Fremd- anstatt mit Eigenkapital zu finanzieren.

$$\frac{\text{Fremdkapital}}{\text{Eigenkapital}}$$

liability(ies)

Verbindlichkeiten, Fremdkapital, Schulden.
Unterteilt in kurz- (bis zu 1 Jahr), mittel- (1–5 Jahre) und langfristige (mehr als 5 Jahre) Schulden.
In der Bilanz offiziell wie folgt gegliedert:

1. Anleihen, davon konvertibel;
2. Verbindlichkeiten gegenüber Kreditinstituten;
3. Erhaltene Anzahlungen auf Bestellungen;
4. Verbindlichkeiten aus Lieferungen und Leistungen;
5. Verbindlichkeiten aus der Annahme gezogener Wechsel und der Ausstellung eigener Wechsel;
6. Verbindlichkeiten gegenüber verbundenen Unternehmen;
7. Verbindlichkeiten gegenüber Unternehmen, mit denen ein Beteiligungsverhältnis besteht;

8. Sonstige Verbindlichkeiten, davon aus Steuern: davon im Rahmen der sozialen Sicherheit.

licenses
Lizenzen.

lien
Zurückbehaltungsrecht, Pfandrecht.
→ mortgage.

LIFO: last in, first out
Inventurbewertung.
Eine Methode, um die Kosten der Rohstoffe, Zubehörteile etc. im Produktionsprozeß zu bestimmen. Das Material wird verbraucht bzw. Handelsartikel werden verkauft in der umgekehrten Reihenfolge ihres Empfangs. In Zeiten der Inflation eine konservative, vorsichtige Bewertungspolitik, weil sie Reserven bildet und Scheingewinne vermeidet.
→ hidden asset.
→ FIFO.

limitations of accounting
Grenzen des Rechnungswesens.
Finanzielle Aufstellungen und Berichte entsprechen manchmal nicht der Wirklichkeit, weil:
a) Manche wichtigen Tatsachen können nicht in Geld ausgedrückt werden.
b) Vorgegebene Buchhaltungsperioden (z. B. Geschäftsjahr) nehmen keine Rücksicht auf schwebende Geschäfte.
c) Das Rechnungswesen unterliegt nicht immer wissenschaftlichen Prinzipien, sondern menschlichen Beurteilungen.
d) Finanzielle Berichte sind begriffsabhängig.
e) Manche wichtigen Tatsachen sind in Finanzberichten nicht enthalten.
→ true and fair.

limited company (corporation)
Aktiengesellschaft.
Eine Gesellschaft, deren Mitglieder ihr Risiko begrenzt haben auf den Betrag, den sie für ihre Aktien gezahlt haben.

line of credit
Kreditlimit.
Der verfügbare Kredithöchstbetrag.

liquid assets
liquide Vermögensteile.
Vermögenswerte, die aus flüssigen Mitteln bestehen oder sehr kurzfristig in flüssige Mittel umgetauscht werden können. Teil des Umlaufvermögens.

liquidation
Abwicklung, Liquidation.
→ settlement.

liquidity ratio
Liquiditäts-Kennziffer.
→ acid test ratio.

loan
Anleihe.

loan against a promissory note
Schuldscheindarlehen.

long-term investments, long-term security
Wertpapiere des Anlagevermögens.
Bewertet nach den Anschaffungskosten, nicht nach dem Niederstwertprinzip.

long-term liability
langfristige Verbindlichkeit.
Schulden, die erst nach 5 Jahren oder länger fällig werden; Schuldverschreibungen, Anleihen, Darlehen u. ä., Fremdkapital.

loss
Verlust.
Das Gegenteil von Gewinn. Der Überschuß der Aufwendungen über Erträge. Der Überschuß von Passiva über Aktiva, von Schulden (Eigen- und Fremdkapital) über Vermögen (Anlage- und Umlaufvermögen). Der Verlust verringert das Eigenkapital, aber nicht notwendigerweise die flüssigen Mittel.

loss from sale(s)	Veräußerungsverlust. Der Verkaufspreis ist niedriger als der Buchwert.
loss (profit) on disposal of fixed assets	Buchverlust (-gewinn) aus Abgang von Anlagegütern. Der Verlust entsteht, wenn der Verkaufspreis oder Schrottwert des Anlagegutes niedriger ist als der Buchwert des Anlagegutes. Ist der Buchwert umgekehrt niedriger als der Verkaufspreis, so ergibt sich ein Buchgewinn.
low value items	geringwertige Wirtschaftsgüter. Dürfen im Jahr der Anschaffung voll abgeschrieben werden.
lower of cost or market value principle	Niederstwertprinzip. Eine Bewertungsmethode; gilt nur für das Umlaufvermögen. Der niedrigere von 2 Werten, nämlich Anschaffungs- oder Tages-(Markt-)wert, ist der in der Bilanz einzusetzende Höchstwert.
lump-sum price, all-inclusive price	Pauschalpreis, Pauschalbetrag. Beispiel: schlüsselfertiges Bauvorhaben.

M

machinery Maschinen, Maschinenpark.
Teil des Anlagevermögens, wenn es für den eigenen Gebrauch und nicht zum Weiterverkauf erworben wurde. Bewertet zu Anschaffungskosten abz. Abschreibungen. Falls eine Maschine aber zum Weiterverkauf produziert oder erworben wurde, wird sie in der Bilanz unter Vorräte ausgewiesen.

machinery and equipment Maschinen und maschinelle Anlagen.
Teil der Sachanlagen.

maintenance Wartung, Instandhaltung.
Ein Aufwand.
Kein Wertzuwachs, keine Lebensverlängerung. In diesen beiden Fällen müßten die Kosten aktiviert werden anstatt als Aufwand verbucht zu werden.

maintenance cost Instandhaltungskosten, Reparaturen.
Ein Aufwand, um die Anlagegüter betriebsfertig zu erhalten. Kein Wertzuwachs. Eine werterhöhende oder lebensverlängernde Reparatur müßte aktiviert werden.

management buy-out Unternehmenskauf durch eigene Mitarbeiter, meist leitende Angestellte.
In der Praxis wenig erfolgreich, weil die übernommenen Firmen in der Regel marode sind.

management report Lagebericht.
Teil des Jahresabschlusses.

managing director

→ chairman.

manufacturing cost

Herstellungskosten, Fertigungskosten.
Produktionskosten, bestehend aus direkten Löhnen, direktem Material und Produktionsgemeinkosten.
→ cost of goods sold.

manufacturing expenses, manufacturing overhead, manufacturing burden, factory overhead

indirekte Produktionskosten, Produktionsgemeinkosten.
Teil der Herstellungskosten.
Nicht Verwaltungs- oder Vertriebskosten.
Beispiel: Abschreibungen, Versicherungen.

marketable securities, negotiable securities

börsenfähige Wertpapiere; Effekten.
Eine sehr flüssige Anlage, da die Papiere jederzeit schnell in Geld verwandelt werden können. Unterliegen dem Niederstwertprinzip.
→ lower of cost or market value.

market value, price/earnings ratio

$$\frac{\text{Börsenkurs}}{\text{Gewinn pro Aktie (Dividende)}}$$

matching

Aufrechnung, Vergleich, Abgrenzung, periodisch vergleichbar.
Ein Buchhaltungsbegriff. Aufwendungen und Erträge, die Bezug aufeinander haben, müssen auch als zusammengehörig in dem Berichtswesen ausgewiesen werden, sowohl zeitlich als auch sachlich, so daß das Ergebnis echt und klar ist.
→ true and fair.

member of the board of management

Vorstandsmitglied, Mitglied der Geschäftsleitung.
Seine/ihre Tätigkeit umfaßt Planen, Organisieren, Führen und Kontrollieren.

merchandise in transit

unterwegs befindliche Handelsware.
Zum Weiterverkauf bestimmt. Schwierig zu bewerten.

merchandise inventory	Vorräte. Bestimmt zum Wiederverkauf, nicht zur Produktion.
minimum balance, base stock	Festwertbestand an Vorräten, eiserner Bestand. Minimalpolster, um einen möglichen Mangel an Roh-, Hilfs- und Betriebsstoffen zu vermeiden.
mining share	Kux. Der Anteil an einer Bergwerksgesellschaft.
miscellaneous expenses	sonstige Aufwendungen. Meist kleinere Beträge, die einem bestimmten Bereich oder einer bestimmten Produktgruppe (Leistungseinheit) nur schwer zuzuordnen sind. → miscellaneous income.
miscellaneous income	sonstige Erträge, verschiedene Erträge. Das genaue Gegenteil von sonstige Aufwendungen. → miscellaneous expenses.
money, cash	Geld. Ein Buchhaltungsbegriff, wenn er im weitesten Sinne gebraucht wird, für flüssige Mittel. Oder einfach nur Bargeld, d.h. cash on hand. Die Grenzen unseres Rechnungswesens treten da in Erscheinung, wo wesentliche Tatsachen über das Unternehmen nicht vermittelt werden können, weil man sie nicht in Geld ausdrücken kann.
mortgage, mortgage loan	Hypothek. Eine langfristige Anleihe, abgesichert durch die Belastung eines Grundstücks. Die Hypothek ist eine Form des Pfandrechts; sie setzt das Bestehen einer Forderung voraus.

N

net	netto. Zweierlei Bedeutung: a) Eine Zahl, von der etwas abgezogen wurde, z. B. Bruttoumsatz abz. Skonti, Rabatte, Retouren ergibt den Nettoumsatz. b) Bezahlung des vollen Betrages ohne Abzüge, z. B. 30 Tage rein netto Kasse, oder Bezahlung innerhalb von 10 Tagen mit 10% Skonto.
net assets	Reinvermögen. Eigenkapital, bestehend aus Kapital, Rücklagen und Bilanzgewinn. Gesamtvermögen abz. Verbindlichkeiten.
net book value	Nettobuchwert, Restbuchwert. Entspricht selten dem realen oder Marktwert.
net gain	Reingewinn bei einer Transaktion.
net income	Jahresüberschuß. Gewinn nach Steuern.
net loss	Jahresfehlbetrag; Reinverlust. Die Summe der Aufwendungen ist um diesen Betrag höher als die der Erträge. Verringert das Eigenkapital.
net profit, net income	Reingewinn. Der Gewinn für eine Buchhaltungsperiode (Monat, Jahr) nach Abzug der Körperschaftsteuer. Erhöht das Eigenkapital, aber nicht notwendigerweise die flüssigen Mittel.

net profit percentages

Reingewinnprozentsätze.
Maßstäbe für die Rentabilität eines Unternehmens:

a) $\frac{\text{Reingewinn}}{\text{Umsatz}}$ = Umsatzrendite

b) $\frac{\text{Reingewinn}}{\text{Eigenkapital}}$ = Verzinsung des Eigenkapitals

Dies ist die wichtigste Rentabilitätskennziffer, bekannt als die Formel R.O.I.= Return on Investment = Verzinsung des von den Inhabern im Unternehmen investierten Kapitals.
→ R.O.I. und R.O.A.

net worth

Reinvermögen.
Das Eigenkapital der Inhaber.
Summe der Aktiva (Vermögen) abz. aller Schulden (Fremdkapital). Dies ist der Bilanzwert (buchhalterisch) des Unternehmens. Ist nicht notwendigerweise identisch mit seinem Marktwert.

nominal value

Nominalwert.
Der Nennwert eines Wertpapiers, z. B.: Das genehmigte Grundkapital einer Aktiengesellschaft, wie in der Bilanz ausgewiesen, ist mehr oder weniger unterschiedlich vom Marktwert.

non-current expense

periodenfremder Aufwand.
Beispiel: Eine ungenügende Rückstellung für einen Prozeß muß aufgestockt werden.

non-current income

periodenfremder Ertrag.
Beispiel: Auflösung einer zu hohen Prozeßrückstellung.

non-operating expense

nicht-betrieblicher Aufwand; finanzieller, neutraler, periodenfremder, außerordentlicher Aufwand.
Ein betriebsfremder Betrag. Ein Betrag ohne direkte Beziehung zu den normalen geschäftlichen Tätigkeiten, z. B. ein Buchverlust beim Abgang von Gütern des Anlagevermögens oder Bankzinsen. Wird getrennt vom Betriebsergebnis ausgewiesen.

non-operating income

nicht-betrieblicher Ertrag.
Beispiel: juristische, finanzielle, periodenfremde Erträge. Dazu gehören gewonnene Prozesse, Bankzinsen, Erträge aus der Auflösung von Rückstellungen.

note payable, promissory note

Schuldwechsel.
Ein schriftliches Zahlungsversprechen. Eine kurzfristige Verbindlichkeit, zahlbar an einem festen, vereinbarten Termin.

notes to financial statements

Fußnoten zur Bilanz und Gewinn- und Verlustrechnung.
Eine ergänzende Information zur Bilanz, die aber gesetzlich vorgeschrieben ist, z. B. Änderungen in der Bilanzpolitik, Änderungen in der Bewertung oder Gliederung, bestimmte Informationen, die in dem Zahlenwerk nicht enthalten sind.

O

objective

zweierlei Bedeutung:
a) objektiv;
b) Zielsetzung, z. B. management by objectives: ein Unternehmen nach vorgegebenen Zielsetzungen zu führen.

obligation

Verbindlichkeit, Verpflichtung, Schuld, Schuldverschreibung.
Ein Sammelbegriff. Eine Verbindlichkeit, die kurz-, mittel- oder langfristig sein kann.

obsolescence

Veralterung.
Verursacht durch technischen Fortschritt und/oder veränderte Marktbedingungen.

obsolete

veraltet.
Diese Bezeichnung bezieht sich vornehmlich auf Vorräte, die zu lange auf Lager liegen. Doch kann auch beispielsweise der Maschinenpark gemeint sein.
→ excessive stocks.

opening balance

Anfangssaldo.
Der erste Betrag in einem Konto; oft aus der vergangenen Periode auf neue Rechnung vorgetragen.
→ closing balance und closing entry.

opening balance sheet

Eröffnungsbilanz.
Die Bilanz am Morgen des ersten Werktages eines neuen Geschäftsjahres.

opening stock

Vorräte zu Beginn einer Periode, z. B. des Geschäftsjahrs.
In der Regel der Saldo der Vorräte, der am Ende des verflossenen Geschäftsjahres bestand und auf neue Rechnung vorgetragen wurde.

operate in the black (red), to

mit Gewinn (Verlust) arbeiten.

operating budget, operational budget

betriebliches Budget.
Budget der rein betrieblichen Aufwendungen und Erträge. Es umfaßt Verkäufe, Kosten der Verkäufe (direkte Löhne, direktes Material, Produktionsgemeinkosten), Verwaltungs- und Vertriebskosten, sonstige betriebliche Aufwendungen, Betriebsgewinn.

operating cost

Produktionskosten.
Die wichtigsten Beispiele sind in der Regel Lohn- und Material- (Rohstoff-) kosten.

operating cycle, cash flow cycle

normale Geschäftsumschlagsperiode.
Die Zeit, die notwendig ist, um einen im Unternehmen investierten Geldbetrag zurückzugewinnen. Die einfachste und kürzeste Formel lautet:

	Alter der Vorräte
+	Alter der Außenstände
	Zwischensumme
./.	Alter der Lieferantenverbindlichkeiten
	Dauer des cash flow cycle

operating expenses, non-manufacturing expenses

betriebliche Aufwendungen, indirekte Kosten, indirekte Aufwendungen.
Umfassen alle Verwaltungs-, Vertriebs- und Allgemeinen Aufwendungen, z. B. Gehälter der Buchhaltung und der Perso-

nalwirtschaft. Sie sind zeit-, nicht leistungsgebunden.
→ non-operating expenses.

operating profit, operating income, operating revenue
Betriebsgewinn.
Bruttogewinn abzüglich Produktionskosten und Aufwendungen in der Gewinn- und Verlustrechnung. Ohne Berücksichtigung nicht-betrieblicher Aufwendungen und Erträge, wie z. B. finanzielle und periodenfremde Aufwendungen und Erträge.

operational and office equipment
Betriebs- und Geschäftsausstattung.
Teil der Sachanlagen. Wird meist innerhalb von 5–10 Jahren abgeschrieben.

opportunity cost
Alternativkosten, Opportunitätskosten, entgangene Gewinne.
Verlorenes Einkommen, weil Alternativen nicht genutzt werden. Opportunitätskosten erscheinen nicht in finanziellen Berichten.
Beispiel: Ein Unternehmen hat freie Kapazitäten, mit denen es 1000 zusätzliche Einheiten produzieren könnte. Es hat aber auch ein Angebot, diese freien Kapazitäten für DM 50 000 für den gleichen Zeitraum zu vermieten. Diese DM 50 000 wären dann die Opportunitätskosten. Opportunitätskosten sind also (entgangene) Gewinne, die bei der Entscheidung für eine alternative Lösung dort als „Kosten" berücksichtigt werden sollten.

order
Auftrag.
Ein Kaufvertrag mit einem Lieferanten für Waren und/oder Dienstleistungen.

order backlog, unfilled orders, work on hand
Auftragsbestand.
Der wichtigste Indikator für die weitere Entwicklung eines Unternehmens.

ordinary shares (Brit)

Stammaktien.
Teil des Eigenkapitals der Inhaber, die einen Anspruch auf eine Dividende haben.
→ preference shares.
Bewertungsmöglichkeiten sind: Nennwert, Marktwert (Börsenkurs), Ausgabekurs, Buchwert (Summe des Eigenkapitals abz. Nominalwert der Vorzugsaktien).
→ capital stock.
→ common stock.

ordinary stock (US)

Aktienkapital.
Man unterscheidet genehmigtes, ausgegebenes, eingezahltes und ausstehendes Aktienkapital.
→ capital stock.
→ common stock.

other assets

andere Aktiva.
Teile des Anlagevermögens, die nicht physisch greifbar sind, wie beispielsweise Patente, gewerbliche Schutzrechte, Konzessionen, aktivierter Forschungsaufwand. Bewertet zu Anschaffungs- oder festen Gestehungskosten. Unterliegen der Abschreibung.

other creditors

andere Gläubiger.
Nicht Lieferanten.
In aller Regel eine kurzfristige (bis zu 1 Jahr) Verbindlichkeit.

other earned surplus

andere Gewinnrücklagen.
Teil des Eigenkapitals, Gewinnrücklagen.

other equipment, operational and office equipment

andere Anlagen, Betriebs- und Geschäftsausstattung.
Teil der Sachanlagen.

other expenses

sonstige Aufwendungen.
Finanzielle und andere nicht-betriebliche Aufwendungen.

other income sonstige Erträge.
Finanzielle und andere nicht-betriebliche Erträge.

other interest and similar income sonstige Zinsen und ähnliche Erträge.
Nicht-betriebliche Erträge.

other operating expenses sonstige betriebliche Aufwendungen.
Nicht direkte Löhne, nicht direktes Material, nicht betriebliche Gemeinkosten.
Beispiel: Honorar eines Beraters.

other operating income sonstige betriebliche Erträge.
Beispiel: Verkauf von Schrott.

other taxes sonstige Steuern.

outstanding debts Schulden.
Geld, das ein Unternehmen Dritten schuldet. Der Faktor Zeit ist hier wichtiger als bei jeder anderen Bilanzposition. Daher die Unterteilung in kurz-, mittel- und langfristige (mehr als 5 Jahre) Schulden.
→ debt.

overdraft Überziehungskredit.
Ein negativer Saldo in einem Bankkonto.

overdraft fee Überziehungsprovision.

overdue, past due überfällig.
→ aging of accounts.

overhead, burden Gemeinkosten.
Indirekte Kosten, die einer Leistungseinheit nicht unmittelbar zugeschlagen werden können, z. B. Abschreibungen oder Instandhaltung.
→ indirect costs.

overhead expense, indirect cost allgemeiner indirekter Aufwand.
Fixe oder variable Kosten, meist fix.

Das Gegenteil von direkten Kosten, wie direkte Löhne und direktes Material.
→ manufacturing expenses.
→ sales.
→ administrative und general expenses.

overindebtedness

Überschuldung.
Wahrscheinlich, aber nicht notwendigerweise auch Zahlungsunfähigkeit. Die Schulden sind höher als das Vermögen.
→ solvency / solvent.

owners' claims,
owners' equity,
net worth

Eigenkapital, Reinvermögen.
Die Summe aller Aktiva/Vermögenswerte abz. aller Schulden/Fremdkapital.
Der Betrag, den das Unternehmen den Inhabern „schuldet". Erhöht sich durch einbehaltene Gewinne. Verringert sich durch Verluste und (zu hohe) Entnahmen. Anlage- plus Umlaufvermögen abz. Fremdkapital ergibt das Eigenkapital.

P

package of accounting statements	Bilanz und Erfolgsrechnung. Ein zusammenhängender Satz von Finanzberichten: Bilanz, Erfolgsrechnung, die Aufstellung einbehaltener Gewinne, die Kapitalflußrechnung und die Cash-Flow-Rechnung sind die wichtigsten. → financial statements.
paid-in-capital	eingezahltes Grund- oder Stammkapital. Teil des Eigenkapitals der Aktionäre. Der Nominalwert der Aktien, die eine Aktiengesellschaft ausgegeben hat, zuzüglich des Agios (Aufgelds) bei der Ausgabe neuer Aktien.
paid-in surplus, capital surplus	Rücklage aus (siehe) Agio/Aufgeld. → paid-in-capital.
partial write-down of assets	Sonderabschreibung, Teilwertberichtigung von Gütern des Anlagevermögens. Eine einmalige Abschreibung aus besonderem Anlaß. → special depreciation. → accelerated depreciation.
past due, overdue	überfällig. → aging of accounts.
patent	Patent. Ein exklusives Recht, eine Erfindung auszubeuten. Unter "Immaterielle Vermögensgegenstände" ausgewiesen. Bilanzwert zu Kosten abz. Abschreibung.
payable, due	zahlbar. Verbindlichkeit, Schuld.

Ein Betrag, der einem Gläubiger geschuldet wird, z. B. einem Lieferanten. Meist kurzfristig. Fremdkapital.

pay back, to; to refund
zurückzahlen.

pay-back-method, pay-out
Kapitalrückfluß.
Die Zeit, die notwendig ist, um den vollen, ursprünglichen Betrag für eine Investition zurückzuerhalten, ohne daß Verzinsung und Inflation berücksichtigt werden.

pay-out-ratio
Verhältnis von Ausschüttung zu Rücklagenbildung.
Eine der wichtigsten Finanzkennziffern. Macht eine Aussage über die Finanzierungs- und Gewinnausschüttungspolitik des Unternehmens.

payroll
Gehaltsabrechnung.
Auch Lohnabrechnung.

pending transactions, pending contracts
schwebende Geschäfte.
Ein eventuell kalkulierter Gewinn darf noch nicht verbucht werden.

pension payment
Ruhegeld.
Pension oder Rente.

pension reserves
Pensionsrückstellung.
Eine Verpflichtung, ab einem zukünftigen Zeitpunkt laufende Zahlungen (Annuitäten) an einen dann früheren Mitarbeiter zu leisten. Eine langfristige Verbindlichkeit, da selbst bei Beginn der Pensionszahlungen die mittlere Lebenserwartung des Anspruchsberechtigten höher als 5 Jahre sein dürfte.

periodic(al)
periodisch.
Die Basis der doppelten Buchhaltung, z. B. Verkaufserlöse werden als Einkommen verbucht, wenn die Rechnung ausgestellt wird, unabhängig vom Geldeingang. Das Gegenteil ist die Einnahmen- und Ausgabenrechnung.
→ cash basis accounting.
→ accrual (basic) accounting.

personal
persönlich.

personal income tax
Einkommensteuer.

personnel, staff, crew
Personal, Mitarbeiterstab.

petty cash
Kasse.
Bargeld. „Cash“ dagegen ist mehr als Kasse. Cash ist synonym mit flüssigen Mitteln: Kasse + Bankguthaben + Postscheck.

physical inventory taking
→ inventory count.

pilferage
Diebstahl, Diebstähle.
Vor allem kleinere, aber zahlreiche Diebstähle aus den Lagervorräten.

place of registration
Sitz einer Firma.
Der gesetzliche, nicht notwendigerweise der tatsächliche oder betriebliche Standort.

plant, factory
Werk, Fabrik.

position, financial
die finanzielle Lage eines Unternehmens.

position confirmation
Saldenbestätigung mit Rückantwort.
Teil einer Bilanzprüfung. Schuldner und

Gläubiger des geprüften Unternehmens werden gebeten, die Soll- und Habensalden zu bestätigen.

postal giro balance, postal check account

Postgiroguthaben, Postgirokonto. Besteht nicht in USA und Großbritannien.

preference share, preferred stock

Vorzugsaktie. Eine Aktie, die den Inhaber nur zu einer festen Dividende berechtigt. Kein Stimmrecht, daher sehr beliebt in Familiengesellschaften, um eine „Überfremdung“ durch Nicht-Familienangehörige zu verhindern.

preliminary balance sheet

vorläufige Bilanz. Oft auch vorläufige Bilanz und vorläufige Gewinn- und Verlustrechnung.

premium, bond premium, paid-in surplus

Aufgeld, Agio. Der Überschuß, der bei der Emission eines Wertpapiers über dem Nominalwert hinaus bezahlt wurde. → nominal value.

premium on capital stock

Kapitalrücklage. Gebildet aus dem Agio bei einer Kapitalerhöhung: die Differenz zwischen Nominalwert und Ausgabekurs der jungen Aktie. Teil des Eigenkapitals. Steht für Gewinnausschüttungen nicht zur Verfügung.

prepaid expenses

transitorische Aktiva, aktive Rechnungsabgrenzung. Ausgaben, die für mehr als eine Rechnungsperiode/Geschäftsjahr im voraus bezahlt wurden. *Keine* Geldforderung. Beispiel: Versicherungsprämie. → deferred expenses.

present value

Barwert, Gegenwartswert. Der heutige Wert eines zukünftigen Betrages ist immer geringer. → discounted cash flow.

president, managing director, chairman of the board

Vorstandsvorsitzender, Hauptgeschäftsführer. Der oberste Entscheidungsträger.

price-earning-ratio (P/E Ratio)

Kurs: Gewinn-Verhältnis. Eine Kennziffer: das Verhältnis von Reingewinn zu dem Aktienkurs. Eine hohe Verhältniszahl ist ein Hinweis auf ein expandierendes, erfolgreiches Unternehmen.

price reduction

Preisnachlaß.
→ sales allowance etc.

principles of accounting

Buchhaltungsregeln.
→ accounting concepts.

profit, income, earnings

Gewinn, Einkommen, Verdienst. Überschuß, z. B. von Verkäufen über Kosten und Aufwendungen während einer Abrechnungsperiode. Der Gewinn ist sehr selten identisch mit einer entsprechenden Erhöhung der flüssigen Mittel. Der Gewinn verbessert aber das Eigenkapital, entweder duch erhöhte Vermögenswerte (Aktiva) oder durch verminderte Schulden (Fremdkapital) oder beides. Unter Reingewinn versteht man gemeinhin den Gewinn abz. Körperschaftsteuer.

profit after taxes

Gewinn nach Steuern. Reingewinn. Die Körperschaftsteuer ist hier nicht die im Geschäftsjahr tatsächlich gezahlte Steuer, sondern die für den ausgewiesenen Gewinn noch zu zahlende.

profit before taxes

Gewinn vor Steuern. Betriebsgewinn abz. nicht-betrieblicher Aufwendungen plus nicht-betriebliche Erlöse in der Gewinn- und Verlustrechnung.

profit and loss account, profit and loss statement

Gewinn und Verlustrechnung.
Auch Erfolgsrechnung genannt.
Die notwendige Ergänzung zur Bilanz. Sie enthält Umsatzerlöse, Aufwendungen, Steuern und den Gewinn/Verlust für eine Rechnungsperiode. Es ist eine Zeit*raum*-darstellung.
→ balance sheet.

profit and loss appropriation account

Saldo der Gewinn- und Verlustrechnung.
Aufstellung der akkumulierten Gewinne.
Einbehaltene Gewinne.

profit sharing plan

Gewinnbeteiligung der Mitarbeiter.
Ein Teil des unternehmerischen Gewinns, der unter den Mitarbeitern verteilt wird, in der Regel nach einem festen Plan oder System, im Unterschied zu Bonus oder Gratifikation.

pro forma financial reports or statements

geschätzte budgetierte Finanzberichte: Bilanz, Erfolgsrechnung u.ä.
Vorausschauende Berichte über die Entwicklung des Unternehmens, beginnend mit den voraussichtlichen Umsätzen. Wichtige Bestandteile des Budgetprozesses sind der Investitionsplan, die zukünftige Personalentwicklung und das Cash-Flow-Budget. Ein komplettes Budgetsystem schließt ab mit der voraussichtlichen (pro forma) Bilanz und der voraussichtlichen (pro forma) Gewinn- und Verlustrechnung. Ein Budget bezieht sich immer (nur) auf das kommende Geschäftsjahr.

promissory note

Schuldschein, Wechsel.
Ein formelles, bedingungsloses, schriftliches Versprechen, an einem bestimmten zukünftigen Datum einen bestimmten Betrag zu zahlen.

property, plant and equipment

Anlagevermögen.
Eine weniger häufig gebrauchte Über-

schrift für die Positionen des Anlagevermögens, und zwar die Sachanlagen, also Bauten, Maschinenpark, Betriebs- und Geschäftsausstattung.

provision

Rückstellung.
Ein weitläufiger Begriff mit mehrfacher Bedeutung:

a) Reserve, auf die eines Tages (bei Auflösung) Ertragsteuer gezahlt werden muß;
b) Wertberichtigung, z. B. aufgelaufene Abschreibung;
c) Aufwand, z. B. Abschreibungsaufwand;
d) Aufgelaufen, z. B. Rückstellung für Aufwendungen.

→ accrual (basic) accounting etc.

provision for bad debts

Rückstellung für zweifelhafte Forderungen.
Eine indirekte Abschreibung.
→ allowance etc.

provision for income tax

Rückstellung für Körperschaft- (Einkommen-) steuer.
Eine (Aufwands-) Position in der Gewinn- und Verlustrechnung. Die Gegenposition erscheint in der Bilanz unter Steuerrückstellung = Fremdkapital.

published financial statements

veröffentlichter Jahresabschluß.
Umfaßt die Bilanz, die Gewinn- und Verlustrechnung, die Kapitalflußrechnung und die Aufstellung der aufgelaufenen (einbehaltenen) Gewinne mit Vergleichszahlen und Fußnoten. Weniger aussagefähig (weil zurückhaltender) als innerbetriebliche Aufstellungen.
→ exhibits to this dictionary.

purser, cashier, teller

Kassierer.

Q

quick assets

flüssige Mittel und kurzfristige Forderungen.
Kasse + Bank + Postscheck + (in der Regel) Kundenforderungen (evtl. auch börsenfähige Wertpapiere).

quick ratio

die wichtigste Liquiditätskennziffer.
→ acid test ratio.

R

random warehouse

chaotisches Lager, chaotische Lagerhaltung.
Die modernste EDV-gesteuerte Lagerhaltung.

rate of return, interest, yield, rate on investment

Verzinsung, Zinssatz.
Informiert, zu welchem Zinssatz sich die Investitionen im Unternehmen rentieren.

ratios

Kennziffern.
Zwei Größen zueinander in Beziehung gesetzt. Beispiel: Gewinn : Umsatz = Umsatzrendite. Unverzichtbar für Bilanzanalysen und zur Steuerung des Unternehmens.
→ R.O.A.
→ R.O.I.
→ market value.
→ leverage.
→ liquidity, acid test ratio.
→ turnover.
→ turnover of accounts receivable.

raw materials

Rohstoffe.
Güter, die verarbeitet werden sollen. Bewertet nach dem Niederstwertprinzip.
→ lower of cost or market value principle.

rebate

Rabatt.

receivables, accounts receivable

Außenstände, Forderungen.
Beträge, die eingezogen werden. Teil des Umlaufvermögens, kurzfristig. Zweifelhafte Forderungen müssen wertberichtigt werden.
→ provision for bad debts.

recognition of profit

realisierter Gewinn, anerkannter Gewinn. Ein Buchhaltungsgrundsatz.
Gewinne werden erst dann verbucht, wenn sie anerkannt/realisiert sind. Umgekehrt, Verluste werden sofort bei Bekanntwerden berücksichtigt. Gewinne werden anerkannt, wenn die Ware an den Kunden verschifft ist, nicht wenn der Auftrag erhalten wurde, auch nicht erst dann, wenn der Kunde bezahlt.
→ accounting concepts.
→ periodic.
→ accrual (basic) accounting.
→ cash basis accounting.

reconciliation

Abstimmung.
Die Differenz zwischen zwei Konten berichtigen oder klären, z. B. zwischen dem Kontenstand lt. Bankauszug und dem Saldo in den Büchern des Unternehmens: Ausgestellte, aber noch nicht eingereichte Schecks u.ä. verursachen diese Differenzen.

redeemable preference shares

zurückkaufbare Vorzugsaktien.
Deutsche Aktiengesellschaften dürfen keine eigenen Aktien erwerben, im Unterschied zu den USA.

redemption of bonds

Tilgung von Schuldverschreibungen.
Vorzeitiger Rückruf und Einlösung von Schuldverschreibungen, oft mit einer Prämie verbunden.

refinance, to

umschulden.

refund, reimbursement, rebate

Rückvergütung, Erstattung.
a) Gelder zurückbezahlt wegen Überzahlung oder Rückgabe der Waren.
b) Zinsrückzahlung an Kreditnehmer wegen Darlehensrückzahlung vor Fälligkeitsdatum.

reinvestment Wiederanlage.
Der erzielte Gewinn wird investiert, anstatt ausgeschüttet zu werden.

relating to other periods periodenfremd.

release, discharge Entlastung.
Beispiel: Entlastung des Vorstands.
Zugleich mit der Genehmigung des Jahresabschlusses durch die Hauptversammlung.

repair and maintenance cost Instandhaltungskosten.
→ maintenance cost.

repairs, maintenance Reparaturen, Instandhaltung.
Ein Aufwand. Allerdings werden gelegentlich Teile dieser Aufwendungen aktiviert, z. B. wenn die (Grund-)Reparatur einer Maschine lebensverlängernd oder werterhöhend ist.

repeat sales (Wiederholungsverkäufe an) Stammkunden.
Ein hervorragendes Gütezeichen für Produkt oder Leistung.

replacement costs, replacement value Wiederbeschaffungswert.
Eine Bewertung der Aktiva zu aktuellen Kosten, Marktwerten.

reporting berichten.

research and development (R&D) Forschung und Entwicklung.
Der wichtigste Faktor der Zukunftssicherung des Unternehmens.

research and development expenditures Forschungs- und Entwicklungskosten.
Aufwendungen, um neue Technologien und neue Produkte zu entwickeln. In den

USA aktiviert als → other assets, oder → intangible assets.

research cost

Forschungskosten.
In Deutschland ein Aufwand. Nur käuflich erworbene Patente werden unter Anlagevermögen, immaterielle Vermögensgegenstände aktiviert und über die Laufzeit des Patents abgeschrieben. In den USA darf die Aktivierungsperiode die Dauer von 40 Jahren nicht überschreiten.
→ intangible assets.
→ patent.

reserve account, general reserve

Rücklage.
Ein nicht ausgeschütteter Gewinn. Teil des Eigenkapitals.

reserve for bad debts

→ allowance etc.

reserve for treasury stock

Rücklage für eigene Anteile.
Nur in den USA möglich.

reserves and accrued liabilities

Rückstellungen.
In der Bilanz offiziell wie folgt aufgegliedert:
1. Rückstellungen für Pensionen und ähnliche Verpflichtungen;
2. Steuerrückstellungen;
3. Sonstige Rückstellungen.

→ accrued liabilities.
→ provision.
→ pension reserves.

result from ordinary operations

Ergebnis der gewöhnlichen Geschäftstätigkeit. Betriebsgewinn.
Ohne finanzielle, betriebsfremde, periodenfremde, außerordentliche Aufwendungen oder Erträge.

retained earnings, retained profit, retained income
Rücklage. In dem Unternehmen zurückbehaltener (thesaurierter) Gewinn.
Gewinne, die nicht ausgeschüttet, sondern zur Stärkung der Eigenkapitalbasis einbehalten werden.
→ accumulated profits.
→ capital reserve.

retainer fee
Festhonorar.
Ein feststehender Betrag, der für Dienstleistungen regelmäßig gezahlt wird, unabhängig von dem tatsächlichen Arbeitsanfall, z. B. für juristische oder steuerliche Beratung.

retirement
Pensionierung.
Verabschiedung in den Ruhestand.

retirement of property, retirement of fixed assets
Abgang/Stillegung von Anlagevermögen.
Führt regelmäßig zu Buchgewinnen oder Buchverlusten, je nachdem, ob der Erlös über oder unter dem Buchwert des Anlagegutes liegt.

retroactive balance sheet change
Bilanzänderung (nachträgliche).
Beispiel: Der Bilanzprüfer verlangt eine andere Bewertung von Aktivposten oder eine andere Gliederung.

returns
zurückgesandte verkaufte Waren.
→ sales returns.

returns and allowances
Retouren und Nachlässe.
→ sales allowance etc.

revenues
Umsatzerlöse.
Summe der Verkäufe. Normalerweise nicht identisch mit Geldzufluß; außer bei Barverkäufen.

reversal, cancellation
Storno.
Beispiel: Aufhebung, Umkehr einer Buchung.

reversal of an accrual — eine Rückstellung auflösen.

reversal of reserves — Auflösung von Reserven.
Buchhalterisch die Umbuchung eines Habensaldos von Eigenkapital auf Erlöse. Kein Geldzufluß, nur ein „Buchgewinn“.

revolving assets — Umlaufvermögen.
→ current assets.

R.O.A. – Return On Assets — Verzinsung des (betriebsnotwendigen) Vermögens.
Der Gewinn bezogen auf die Summe der Aktiva; in der Regel nur die betriebsnotwendigen Aktiva, d.h. ohne Finanzanlagen.

$$\frac{\text{Reingewinn}}{\text{eingesetztes Vermögen}} = \text{R.O.A.}$$

R.O.I. - Return On Investment — Verzinsung des (von den Inhabern/Gesellschaftern) investierten Kapitals = Reinvermögen.
Die wichtigste Rentabilitätskennziffer. Die Formel lautet:

$$\frac{\text{Reingewinn}}{\text{investiertes Kapital}} = \text{R.O.I.}$$

oder

$$\frac{\text{Reingewinn}}{\text{Eigenkapital/Reinvermögen}} = \text{R.O.I.}$$

royalty(ies) — Patentgebühr, Lizenzgebühr.
Die Kosten für die Nutzung eines Patents oder einer Lizenz.

rules — Regeln.
Einige Regeln sind endgültig, andere unterliegen dem Urteilsvermögen der Beteiligten.
→ accounting concepts.

S

sales

Verkauf, Umsatz, Erlöse.
Der Preis, zu dem Güter und Dienstleistungen verkauft werden. Der buchhalterische Zeitpunkt des Verkaufs ist üblicherweise das Datum des Versands.

sales allowance

Nachlaß, Rabatt, Vergütung.
Abzüge vom Verkaufspreis, die entweder grundsätzlich oder individuell gewährt werden. Oft für Mängel qualitativer oder quantitativer Art.

sales deductions

Erlösschmälerungen.
Retouren und Nachlässe, Skontiabzüge, Branchenrabatte, Mengenrabatte; Posten, die vom Bruttoumsatz abgezogen werden.

sales discount

Skonto.
Nachlaß für Barzahlung oder weil der Kunde zur gleichen Branche gehört.
→ sales allowance etc.

sales expenses

Verkaufsaufwand, Vertriebskosten.
Indirekte Kosten. Gemeinkosten. Keine Produktions-, Verwaltungs- oder Allgemeine Aufwendungen. Dazu gehören Werbung, Verkaufsförderung, Gehälter und Reisespesen der Verkäufer, Verkaufsliteratur, Weiterbildung der Verkäufer.

sales promotion

Verkaufsförderung.
Die Öffnung, Erhaltung oder Verstärkung von Vertriebskanälen, z. B. durch Umsatzprovisionen für die Verkäufer, Rabatte aller Art, kulante Zahlungsziele u.ä. Keine Werbung irgendwelcher Art.

sales returns

Retouren.
Waren, die vom Käufer zurückgeschickt werden, im Austausch gegen eine Rückvergütung oder eine Gutschrift.

salvage value

Schrottwert, Bergungswert.
Der geschätzte, erwartete Preis für ein nicht länger benötigtes Anlagegut. Ist dieser Restwert bedeutsam, so sollte er bei der Abschreibungsrate berücksichtigt werden.
→ scrap value.

scope of audit

Prüfungsumfang.
Die Verfahren und das Ausmaß der Kontrollen sowie die untersuchten finanziellen Objekte.

scrap value

Schrottwert.
Zweierlei Bedeutung:
a) im Zusammenhang mit Anlagevermögen das gleiche wie → salvage value;
b) im Zusammenhang mit dem Produktionsprozeß ein Überbleibsel des eingesetzten Rohstoffes/Materials. Reduziert die Gemeinkosten.

SEC – Securities and Exchange Commission (US)

Börsenaufsichtsbehörde.
Die SEC erläßt Rechnungslegungsvorschriften, um die Interessen des Publikums, der Anleger, der Kreditoren, der Banken zu schützen.

securities

Wertpapiere, Effekten.
Börsenfähige, festverzinsliche u.a. Wertpapiere, die nur zum vorübergehenden Gebrauch bestimmt sind. Teil des Umlauf-, *nicht* Anlagevermögens/Finanzanlagen. Wichtig für die Liquidität 1. und 2. Ordnung.

securities in default
Wertpapiere, für welche die Zahlungen der Verzinsung eingestellt wurden. Müssen abgeschrieben werden.

security, collateral
Sicherheit, dingliche Sicherheit.
→ collateral.

selling expense
Verkaufskosten, Vertriebskosten.
→ sales expenses.
→ operating expenses.

semi-finished goods
Halbfabrikate.
→ work-in-process.

settlement, liquidation
Abwicklung.
Das Ende eines Unternehmens.

setup of accruals
Bildung von Rückstellungen.
Der tatsächliche Vorgang. Die Bildung oder Erhöhung einer Rückstellung ist ein Aufwand, aber kein Geldausgang.

setup of an asset
aktivieren.
Eine Investition.
Aber auch Aufwendungen, welche die Leistung oder Nutzungsdauer eines Wirtschaftsgutes erhöhen.

setup of a reserve
Bildung einer Reserve/Rücklage.
In Deutschland wurde das Wort „Reserve" durch „Rücklage" ersetzt. Die Reserve ist Teil des Eigenkapitals. Die Bildung oder Erhöhung der Reserve ist ein Aufwand, aber keine Ausgabe.

share
Aktie, Anteil.
Verkörpert Eigentums- und Dividendenanspruch des Aktionärs.

share capital, capital stock
Aktienkapital.
Ein Teil des Eigenkapitals. Repräsentiert das Geld, das die Inhaber im Unternehmen investiert haben. Es gibt Stammaktien und Vorzugsaktien (ohne Stimmrecht).

shareholder, stockholder	Aktionär. Ihm gehört ein Teil des Aktienkapitals und ein entsprechender Anteil der offenen (und stillen) Rücklagen.
shareholders' equity	Eigenkapital. In der Bilanz offiziell wie folgt aufgegliedert: I. Gezeichnetes Eigenkapital; II. Kapitalrücklage; III. Gewinnrücklagen; 1. Gesetzliche Rücklage; 2. Rücklage für eigene Anteile; 3. Satzungsmäßige Rücklagen; 4. Andere Rücklagen; IV. Jahresüberschuß; ( ) Sonderposten mit Rücklagenanteil → net worth. → owners' claims.
shareholders' meeting, partners' meeting	Gesellschafterversammlung. Das höchste Gremium einer Gesellschaft.
share premium	Aktienprämie, Differenz zwischen Ausgabekurs und Nominalwert, Bezugsrecht. Der Betrag, um den der Verkaufspreis einer neuen (jungen) Aktie höher ist als ihr Nennwert. Wird der gesetzlichen Rücklage zugeführt. Verbessert den Cash Flow. Steht für Dividendenzahlungen *nicht* zur Verfügung.
shares, stock	Aktien, Stammaktien und Vorzugsaktien. Ein Dokument, das die Eigentumsrechte des Inhabers bestätigt. Eigenkapital.
shipment, delivery	Warenausgang. Das Datum der Verschiffung ist in der Regel das Rechnungsdatum.
shortage	Fehlbetrag in der Kasse oder im Lager.
short-term	kurzfristig.

short-term liability, short-term debt
kurzfristige Verbindlichkeit.
Fremdkapital, das innerhalb eines Jahres bezahlt werden muß.

short-term securities, short-term security investments
Wertpapiere des Umlaufvermögens.
Bewertet nach dem Niederstwertprinzip.
→ lower of cost or market value principle.

showing a deficit
Verlustausweis.
Die Aufwendungen übersteigen die Erträge. Das Eigenkapital schrumpft.

sinking fund
Tilgungsfonds.
Ein Fonds zur Tilgung von Schulden, z. B. Bonds, der durch periodische Einzahlungen aufgestockt wird.

slow-moving
sich langsam umschlagend.
→ excessive stocks.

solvency, ability to pay, capacity to pay
Zahlungsfähigkeit.
Alle auf das Unternehmen zukommenden Zahlungsverpflichtungen werden pünktlich erfüllt.
→ solvent.

solvent
Zahlungsfähig, liquide sein.
Die Fähigkeit eines Unternehmens, alle seine finanziellen Verpflichtungen pünktlich erfüllen zu können.

source of cash
Herkunft der flüssigen Mittel oder von Geld und Geldanlagen.
Die Cash-Flow-Rechnung zeigt alle Herkunftsarten von flüssigen Mitteln.

a) Herkunft aus betrieblicher Tätigkeit, z. B. Gewinn, Erhöhung der Verbindlichkeiten, Verringerung des Fuhrparks.

b) Herkunft aus Transaktionen mit dem Geld- und Kapitalmarkt, z. B. Erhöhung des Aktienkapitals, Kreditaufnahme.

source of funds

Mittelherkunft.
Teil der Kapitalflußrechnung. Vorgänge, die das Working Capital verbessern, z. B. eine Verringerung des Rohstofflagers oder ein Abbau der Forderungen.

special depreciation

Sonderabschreibung.
→ partial write-down of assets.
→ accelerated depreciation.

special items

Sonderposten.
Ein außergewöhnlicher Vorgang. Nicht notwendigerweise eine Zahlung, z. B. die Sonderabschreibung einer Anlage.

special purpose balance sheet

Sonderbilanz.
Beispiel: zum Zweck einer Übernahme oder einer neuen Kreditbewertung (→ credit rating).

special reserve with an equity portion

Sonderposten mit Rücklagenanteil.
Diese Position muß nicht, wie üblich, bei ihrer Bildung, sondern erst bei ihrer Auflösung versteuert werden.

statement of changes in financial position, funds-flow-statement

Mittelherkunfts- und Mittelverwendungsrechnung des Working Capital, Kapitalflußrechnung. Bewegungsbilanz. Zeigt die Gründe für die Veränderungen des Working Capital.
→ funds flow.
→ working capital.

statement of income and retained earnings

Gewinn- und Verlustrechnung (einschl. Gewinnvortrag), Erfolgsrechnung.
→ profit and loss statement.

stationery, office supplies
Büromaterial.
Wird in der Regel nicht aktiviert (Vorräte), sondern sofort den Verwaltungsaufwendungen belastet.

statutory reserve
satzungsgemäße Rücklage.
Einbehaltene Gewinne.
Teil des Eigenkapitals.

stock
Zweierlei Bedeutung:
a) Aktie → share capital etc.
b) Lager → stock, stores.

stock, stores, inventory
Vorräte.
Normalerweise bestehend aus Rohstoffen, Halb- und Fertigfabrikaten, bewertet nach dem Niederstwertprinzip. Umlaufvermögen.

stock dividend (US)
Dividende in Form von Aktien.
Das Gegenteil ist die (übliche) cash dividend.

stockholder
Aktionär.
Eigentümer eines Aktienpakets in Form der entsprechenden Zertifikate.

stock purchases
Vorräteeinkauf.
Zum Zweck des Weiterverkaufs.

stock taking (Brit), physical inventory count
Bestandsaufnahme.
Die vorhandenen Vorräte nach Menge und Gewicht zählen, messen und wiegen. Die dann errechneten Werte mit den Konten der Buchhaltung abstimmen.

stores, stock
Vorräte, Lager.
→ stock, stores.

straight line depreciation
lineare Abschreibung.
Die gebräuchlichste Abschreibungsmethode. Die Anschaffungskosten des Anlagegutes werden in gleichen Beträgen, aus-

	gehend von seiner geschätzten Nutzungsdauer, abgebucht. → depreciation etc.
subscribed capital stock	gezeichnete, aber noch nicht bezahlte Einlagen auf das Grundkapital; auch gezeichnetes Kapital. Diese Aktien werden unter einem Teilzahlungsplan auf Raten erworben.
subsidiary, subsidiary company	Tochtergesellschaft. Ein Unternehmen, dessen Kapital zu mehr als 50% bei einer Muttergesellschaft liegt.
subsidiary company wholly owned	Tochtergesellschaft. Ein Unternehmen, dessen Kapital völlig in den Händen einer Muttergesellschaft liegt.
sundry	sonstige. Beispiel: sonstige Erträge, sonstige Forderungen. Erlöse, Aufwendungen, Aktiva, Verbindlichkeiten, die nicht aus normaler Geschäftstätigkeit entstanden sind.
supervisory board, board of (outside) directors	Aufsichtsrat. Das höchste Organ der Aktiengesellschaft, gewählt von den Aktionären. Der Aufsichtsrat seinerseits wählt den Vorstand. In den USA ist der board ein Gemisch dieser Organe; er besteht aus: a) top manager = inside directors, b) außenstehende Repräsentanten = outside directors.
supplies	Hilfs- und Betriebsstoffe. Ein Aufwandsposten. Verbrauchsmaterial, das nicht Teil des Endprodukts ist, z. B. Reinigungsmaterial.

surplus, profit, revenue, income, earnings

Gewinn.
→ retained earnings.
→ capital surplus.

surplus accounts, to appropriate earnings to specific surplus accounts

Bildung von Rücklagen.
Rücklagen sind einbehaltene, nicht ausgeschüttete Gewinne.

system of internal control

internes Kontrollsystem.
Eine Methode, um das Vermögen des Unternehmens zu schützen.
→ internal control.
→ internal audit.

T

tangible assets

reelle Aktiva, Sachanlagen.
Aktiva, die physisch greifbar sind: Gebäude, Maschinen, Betriebs- und Geschäftsausstattung.
→ intangible assets.

tax balance sheet, balance sheet for tax purposes

Steuerbilanz.
Wird aus der Handelsbilanz abgeleitet.
Zeigt den zu versteuernden Ertrag.
Nicht üblich in den USA.

tax evasion, tax fraud

Steuerhinterziehung.
Ein strafwürdiges Delikt.

tax-free compensation to be used for accumulation of capital

vermögenswirksame Leistungen.

tax return

Steuererklärung.
Enthält das Bruttoeinkommen, steuerlich abzugsfähige Positionen und das zu versteuernde Einkommen.

taxes on income

Steuern vom Einkommen und vom Ertrag.
Aus der Handelsbilanz nicht klar erkennbar.
→ tax balance sheet.

technical equipment, plant and machinery

Technische Anlagen und Maschinen.
Teil der Sachanlagen.

teller, cashier

Kassierer.

terms of payment — Zahlungsbedingungen, Zahlungsziel.
Können Teil der Verkaufsförderung sein. Oft ein wichtiger Faktor der Liquidität des Unternehmens.

test — Teilprüfung, Stichprobe.
Die Prüfung umfaßt nur einen Teil einer finanziellen Transaktion oder eines buchhalterischen Vorgangs. Das Gegenteil wäre eine 100%-ige Prüfung.

trade accounts payable — Verbindlichkeiten aus Lieferungen und Leistungen.
Kurzfristig.

trade accounts receivable — Forderungen aus Lieferungen und Leistungen.
Kurzfristig.

trade creditors — Lieferanten.
Eine kurzfristige Verbindlichkeit.

trade customers — Kunden.
Forderungen aus Lieferungen und Leistungen; Teil des Umlaufvermögens.
Kurzfristig.
→ doubtful accounts.

trade discount, quantity discount, price discount — Branchenrabatt, Mengenrabatt.
a) Preisnachlaß, weil Kunde zur gleichen Branche gehört;
b) Preisnachlaß, weil Kunde eine größere Menge kauft.

trade investment — Brancheninvestition.
Eine Investition in Wertpapieren in der gleichen Branche: Aktien, Obligationen. Langfristig. Kein börsenfähiges Wertpapier. Bewertet nach dem Niederstwertprinzip.

trademark — Warenzeichen, Markenzeichen.
Gewerbliche Schutzrechte.

	Ein eingetragenes gesetzliches Schutzrecht, das einem Produkt und seinen Symbolen verliehen wurde. Teil der immateriellen Vermögensgegenstände, Anlagevermögen.
trading year (Brit), business year	Geschäftsjahr. → fiscal year.
transaction, transfer, adjusting entry	eine Veränderung von 2 Positionen in der Bilanz, von Bedeutung für die Rentabilität und die Liquidität des Unternehmens.
treasurer	Finanzdirektor. Normalerweise Mitglied des Vorstandes oder der Geschäftsführung. Der Chief Financial Officer (C.F.O.) ist zuständig für die kurz- und langfristige Finanzierung, Investitionen, Banken, Kredite, Inkasso, Versicherungen. Abgrenzung der Zuständigkeiten zum Controller oft schwierig und konfliktträchtig. → controller.
treasury bonds	öffentliche Rentenpapiere. Herausgegeben vom U.S. Schatzministerium.
treasury stock, treasury shares	eigene Aktien, eigene Anteile. Rückkauf eigener Aktien durch die Gesellschaft. In Deutschland nicht erlaubt.
trend	Tendenz.
trial balance	Rohbilanz, Probebilanz. Eine Liste der Konten des Hauptbuchs. Nur ein Arbeitspapier. Die Summe der Sollbuchungen muß identisch sein mit der Summe der Habenbuchungen, was aber Buchungsfehler nicht ausschließt.
true and fair	wahr und korrekt. Grundsatz der „ordnungsgemäßen" Buch-

haltung; wahrheitsgetreu.
Der Jahresabschluß soll ein wahres und faires (korrektes) Bild von der Lage des Unternehmens darbieten.
→ accounting concept.
→ limitations of accounting.
→ matching.

turnover

Umschlag, Umsatz, Umschlagshäufigkeit.
Ein Maßstab der Effizienz des Unternehmens.
Beispiel:

$$\frac{\text{Umsatz}}{\text{Kapital}} = \text{Kapitalumschlag}$$

Je schneller sich das Kapital umschlägt, um so höher die Rendite.
Andere Beispiele sind Lagerumschlag und Umschlag der Forderungen. Je höher die Umschlagshäufigkeit, um so geringer die Kapitalbindung, um so besser Rentabilität und Liquidität.

turnover of accounts receivable

Umschlag der Forderungen.
Ein Test der Liquidität. Eine Probe der Effizienz des Unternehmens in bezug auf Kreditgewährung (Kunden) und Inkasso.
Die Formel lautet:

$$\frac{\text{Umsatzerlöse}}{\text{Forderungen}}$$

turnover of inventory (raw material or finished goods)

Umschlag des Lagers.
Ein Test der Liquidität und Effizienz des Unternehmens. Zeigt, wie schnell sich das Lager in Geld verwandelt.
Die Formel lautet:

$$\frac{\text{Kosten der verkauften Ware}}{\text{Lager}}$$

turnover tax refund Umsatzsteuervergütung.

U

unapproprriated retained earnings

Gewinnvortrag.
Der Teil des Gewinns, der nicht ausgeschüttet wurde. In der Bilanz unter Eigenkapital ausgewiesen.

uncertainty

Ungewißheit, Spielraum.
Gewisse Unsicherheitsfaktoren trüben die Bilanzwahrheit. Dazu gehören:
a) schwebende Geschäfte;
b) der Marktwert der Vorräte;
c) die Lebensdauer der Sachanlagen;
d) der reale Wert des Umlaufvermögens;
e) unbekannte oder nicht kalkulierbare Eventualverbindlichkeiten.

unearned revenue, unearned profit

unverdienter oder noch nicht verdienter Ertrag, z. B. erhaltene An-/Vorauszahlungen für Güter oder Dienstleistungen. Eine meist kurzfristige Verbindlichkeit. *Keine finanzielle,* sondern eine Liefer-Verpflichtung.

unexpired insurance

vorausbezahlte Versicherungsprämien.
Vorauszahlung für eine noch laufende Versicherung. *Keine finanzielle* Forderung, sondern ein aktiver Rechnungsabgrenzungsposten.

unpaid dividends

erklärte, aber noch nicht gezahlte Dividende.
In der Bilanz *nicht* als kurzfristige Verbindlichkeit ausgewiesen (was es tatsächlich ist!), sondern als Teil des Eigenkapitals.

use of cash

Verwendung der flüssigen Mittel oder von Geld und Geldanlagen.
Ein Teil der Cash-Flow-Rechnung. Sie zeigt die Verwendung der flüssigen Mittel.
Zwei Arten von Verwendung:

a) betriebliche Tätigkeit: Erhöhung von Aktivposten, Abnahme von Verbindlichkeiten;
b) Transaktionen mit dem Geld- und Kapitalmarkt: Tilgung von Schuldverschreibungen oder eines Bankkredits.

use of funds

Mittelverwendung.
Ein Teil der Kapitalflußrechnung; zeigt die Vorgänge, die das Working Capital verringern, z. B. Investitionen.

utilities

Wasser, Strom, Gas.
Produktions- und Verwaltungsaufwendungen, die nicht den Gesetzen der Marktwirtschaft unterliegen.

V

vacation pay

Urlaubsgeld.
Eine Rückstellung, falls der fällige Urlaub nicht während des Geschäftsjahres genommen wurde.

valuation

Bewertung.
→ appraisal.

valuation reserves, to provide for

Bildung von Wertberichtigungen.
Beispiel: für zweifelhafte Forderungen.
→ value adjustments.

value

Wert.
Mehrfache Bedeutung:

a) buchhalterischer Wert entsprechend den → accounting concepts;
b) Marktwert, der gegenwärtige realisierbare Wert der Vorräte im normalen Geschäftsbetrieb (going concern, siehe dort; nicht der Wert im Falle der Liquidation des Unternehmens);
c) realer oder wahrer Wert, ein im Rechnungswesen sehr schwer zu bestimmender Begriff.

value added

doppelte Bedeutung:

a) Wertschöpfung. Die Leistung eines Unternehmens während des Geschäftsjahres in Form von Löhnen und Gehältern, Steuern, Zinsen, Gewinnausschüttung und Rücklagenbildung. Die Beteiligung, die Nutznießung der Arbeitnehmer, des Staates, der Kreditgeber und der Inhaber am Unternehmen.

b) Fertigungstiefe.
Die Differenz zwischen den Gesamtkosten eines Produkts und den Kosten aller hinzugekauften Materialien und Teile. Verbleibt die Eigenleistung des Unternehmens = Fertigungstiefe.

value-added tax (VAT)
Mehrwertsteuer.
Eine indirekte Steuer, die prozentweise auf Produkte und Dienstleistungen auf den verschiedenen Stufen der Produktion und der Verteilung erhoben wird.

value adjustments, valuation reserve, allowance for loss in value
Wertberichtigung.
Die indirekte Korrektur des Nominalwerts eines Aktivums: Anlagegut, Vorräte, Forderungen, Devisenbestand.

variance
Abweichung.
Beispiel: Differenz zwischen Soll und Ist bei der Budgetierung. Oder bei der Standardkostenrechnung; hier betreffen die Abweichungen die Vorgaben von Materialkosten, Löhnen und Gemeinkosten.

venture capital
Wagniskapital.
Eine Finanzierungsquelle für neue Geschäfte, bei denen überhöhte Gewinnerwartungen mit einem entsprechend hohen Risiko verbunden sind.

void, invalid
ungültig.
Etwas ist nicht korrekt, nicht verläßlich, nicht legal und nicht effektiv.

voluntary employee benefit expenses
freiwillige soziale Aufwendungen.
Im Gegensatz zu den gesetzlichen.

voucher, voucher system
Beleg.
Ein dokumentarischer Buchhaltungsbeleg, z. B. eine Rechnung oder ein Bankauszug.

W

warranty
→ guarantee etc.

windfall profit
unerwarteter Gewinn.
Zufälliger Ertrag, oft auch unverdient. Meist nicht-betrieblich oder periodenfremd.

window dressing
Bilanzverschleierung, Bilanzfrisur.
Die finanzielle Situation des Unternehmens wird günstiger präsentiert als es der Wirklichkeit entspricht, ohne jedoch (in der Mehrzahl der Fälle) mit dem Strafgesetz in Konflikt zu geraten.

withholding tax
Quellensteuer.

working capital
Nettoumlaufvermögen oder Umlaufvermögen abz. kurzfristiger Verbindlichkeiten; verfügbare Betriebsmittel.
Eine mittelfristige Liquiditätskennziffer.
Nicht Kapital, sondern ein Teil des Vermögens. Die Relation sollte mindestens 2:1 sein: bankers' rule.
→ funds flow.

working capital ratio, current ratio
Verhältnis von Umlaufvermögen zu kurzfristigen Verbindlichkeiten; Zahlungsbereitschaft II.
Die gleichen Werte wie unter Working Capital, nur dividiert statt subtrahiert.
→ current ratio.

work-in-process, semi-finished goods
halbfertige Waren, Halbzeug, unfertige Erzeugnisse, unfertige Leistungen.
Teil der Vorräte. In verschiedenen Stadien der Fertigstellung. Bewertung, nicht immer einfach, zum Niederstwertprinzip.

→ lower of cost or market value principle.

write-down

Sonderabschreibung.
Teilwertberichtigung von Anlagevermögen.
Die teilweise Wertminderung eines Aktivums.
→ partial write-down of assets.

write-off, to

abschreiben, ausbuchen.
Einen Verlust mit der Veräußerung eines Aktivums realisieren.

write-off of financial assets and marketable securities

Abschreibungen auf Finanzanlagen und auf Wertpapiere des Umlaufvermögens.
Ein nicht-betrieblicher, oft auch periodenfremder Aufwand. Keine Ausgabe.

write-up

Zuschreibung, aufwerten.
Die Erhöhung des Buchwertes eines Aktivums ohne eine finanzielle Transaktion, z. B. Entdeckung von Öl auf firmeneigenem Grund und Boden.

Y, Z

year-end-adjustment den Saldo eines Kontos den Realitäten anpassen, z. B. den Saldo des Kontos Rohstofflager aufgrund der Bestandsaufnahme (Inventur) korrigieren.

year-end-closing Jahresabschluß.
Die Bilanz, die Gewinn- und Verlustrechnung und Anhang.

year-to-date seit Jahresanfang.
Akkumuliertes Zahlenwerk. Von Jahresbeginn bis zum heutigen Tag.

yield Ausbeute, Rendite.
Der Ertrag aus einem Aktivum, z. B. der jährliche Zinsertrag aus einer Anleihe oder die Dividende eines Aktienpakets.

Zero Bonds Zerobonds.
Wertpapiere, die zu einem erheblichen Diskontsatz verkauft werden. Die Verzinsung besteht in der Wertsteigerung/ Kurssteigerung während der Laufzeit.
Am Fälligkeitstermin wird der Nominalwert ausgezahlt. Erst dann ist die Einkommensteuer auf die Verzinsung in Form der Wertsteigerung fällig. In den USA dagegen ist die jährliche Wertsteigerung, obwohl kein cash ausgeschüttet wurde, zu versteuern.

Deutsch/Englisch

German/English

A

Abandon
abandonment.
Voluntary surrender of property without naming a new owner. The property may revert to the former owner or to the state.

abbuchen, ausbuchen
two meanings:
a) to write off, to charge to/off, transfer of the balance of an asset account to expense,
b) to charge to a bank account.

Abfindung, Abrechnung
indemnity, settlement, compensation, severence payment.

Abgang von Anlagevermögen
retirement of property,
retirement of fixed assets.
Removal of a fixed asset from operations.

abgezinster Geldfluß
discounted cash flow.
A method of taking into account the time value of money. The present value of DM 100 is higher than any future value.
→ Cash-Flow-Rechnung.

Abgrenzung von Zinsaufwand/Zinsertrag
accrued interest payable/receivable.
Incurred at the end of the accounting period but not yet paid.

Abschluß
closing the accounts to prepare financial statements.

Abschlußbilanz
annual balance sheet.
Critical in evaluating the company's financialposition and operating performance.

Abschlußbuchung closing entry.
An entry at the end of an accounting period in order to close the books.

abschreiben, ausbuchen write-off.
To depreciate, to amortize, to take a loss on the disposal of an asset.

Abschreibung depreciation.
(buildings, vehicles, etc.).
Allocation of the cost of a fixed asset to expense over its estimated working life. Measure of the cost of using the fixed asset.

Abschreibungen depreciation expenses.
Depreciation (at cost) during the accounting period. *Not* the same as accumulated depreciation, except in the first year of the fixed asset.
→ Abschreibung.

Abschreibungen auf Finanzanlagen und auf Wertpapiere des Umlaufvermögens write-off of financial assets and marketable securities.

Abschreibung wegen Substanzverzehr depletion.
Physical exhaustion of a natural resource; for instance, coal or oil.

absetzbar, abzugsfähig deductible.
For instance, deductible expenses.
→ Ausgaben, abzugsfähige.

Absprache, heimliche collusion.

Abstimmung (von Zahlen) reconciliation.
Adjusting the difference between two accounts or statements; for instance, reconciliation of a bank account.

Abweichung	variance. For instance, standard variance: either material, labor or overhead.
Abwicklung, Übereinkommen, Abfindung	liquidation, settlement.
Agio	premium. → Aufgeld.
akkumuliertes Zahlenwerk, seit Jahresanfang	year-to-date.
Aktien, Stammaktien und Vorzugsaktien	shares. Documents certifying ownership of ordinary (Brit)/common (US) or preference (Brit)/preferred (US) shares in a company. Part of owners' equity. → nachzugsberechtigte Vorzugsaktien.
Aktienemissionskurs	issue price of a share. Price at which a share is first sold by a company. Normally the nominal value plus share premium or less share discount.
Aktiengesellschaft	limited company (corporation). Company whose shareholders have limited their liability to the value of shares they are holding.
Aktienkapital	capital stock. Share capital in units of Dollars, Pounds, DM, etc. Shares issued. Part of owners' equity. Money put into a business by the owners. Ordinary, preference or deferred shares. Ordinary stock (Brit). Ownership and voting shares of a limited or authorized company.
Aktienkapital, ausgegeben, gezeichnet	authorized capital. Share capital of the business authorized by law. May be only partly issued for cash.

	Ordinary or preference. In USA: Common and preferred stocks.
Aktienkapital, Stammaktien	common stock (USA). Ownership and voting shares of an incorporated or authorized company.
Aktienprämie, Differenz zwischen Ausgabekurs und Nominalwert einer Aktie, Bezugsrecht	share premium. Excess of original sales price of a share over its face or nominal value. Owners' equity. Capital reserve. *Not* available for dividends.
Aktionär	shareholder, stockholder. Owner of part of the share capital. An individual of a company that owns shares in a corporation. The evidence of ownership is the stock certificate.
Aktiva oder Vermögen	assets. Items of value owned by the business which have a measurable cost and have earning power. Fixed, current or other assets. On the balance sheet: A. Fixed assets B. Current assets C. Deferred charges and prepaid expenses.
aktive Devisenposten, Überschuß der Fremdwährungs-Aktiva über die Passiva	exposed net asset position, long position. Excess of assets in foreign currency over liabilities, at current exchange rate.
aktiver Rechnungsabgrenzungsposten	a) accrued revenue, accrued income. Money earned in the present accounting period but not yet received. For instance, interest or rental. b) Prepaid expenses. Deferred charges. Expenditures paid in advance for more

	than one accounting period. For instance, rent. *Not* a financial claim.
aktivieren	to capitalize, to set up an asset. Capital expenditure that increases the value of the fixed assets. For instance, an investment in, or improvement in a machine.
aktivierte Eigenleistungen	company-manufactured items capitalized. Costs capitalized; outlays of expenses capitalized as an asset over an extended period of time; capitalized own production.
Akzept, Wechsel, Annahme	acceptance.
allgemeiner indirekter Aufwand	overhead expense. Burden. Indirect cost. Fixed or (sometimes) variable with volume of production. *Not* direct cost. *Not* direct labor. *Not* direct material. → Produktionskosten. → Verkauf. → Verwaltungskosten.
Alternativkosten, Opportunitätskosten, entgangene Gewinne	opportunity cost. Revenue forfeited by rejecting an alternative use for time or facilities.
Altern der Außenstände	→ nach dem Alter aufgeschlüsselte Forderungen.
Amortisation, Abschreibung	amortization. Depreciation of assets (other than property, plant and equipment or financial assets), such as intangible assets and deferred charges.
andere Aktiva, z.B. Firmenwert, aktivierter Forschungsaufwand	other assets. Assets which are *not* physical or current assets. Intangible assets. Normally: goodwill, patents, copyrights, research

expenditures carried forward, trade investments. Valued at cost, not at market value unless losses are exceptional.

andere Anlagen, Betriebs- und Geschäftsausstattung

other equipment.
Part of fixed assets; property, plant and equipment.

andere Gewinnrücklagen

other earned surplus.
Part of shareholders' equity.

andere Gläubiger, nicht Lieferanten

other creditors.
Creditors except suppliers. *Not* trade creditors for purchase of materials and supplies. A current liability.

Anfangssaldo

opening balance.
The first amount in an account, often brought forward. The closing balances of all the accounts of the yearly balance sheet are carried forward into the next year.

Anlagen, Anhang

exhibits, notes to financial statements, appendices, attachments.

Anlagevermögen

fixed assets, long-term assets, permanent investment.
Assets such as land, plant and equipment, financial assets acquired for long-term use in the business. Normally for more than one year. *Not* for resale. Charged to overhead periodically as depreciation. Recorded on the balance sheet at cost less depreciation; not market value. Sometimes revalued periodically. Land is normally not depreciated.
On the balance sheet:
A. Fixed assets
I. Intangible assets
I. Property, plant and equipment
III. Financial assets
→ reelle Aktiva.

Annahme, Gewohnheitsrecht
convention.
Assumption made in accounting. Many accounting concepts arise from assumptions that have proved to be practicable.

Annuität, Rente
annuity.
Predetermined number of payments or receipts at prearranged time periods. For instance, payments from a pension fund.

Anschaffung
acquisition.

Anschaffungskosten
acquisition cost.
Price paid to buy goods, services, or assets. Includes the costs of preparation, transportation and instalment.

Anschaffungsnebenkosten
incidental acquisition cost.
For instance, air cargo insurances.

aperiodisch
aperiodic, acyclic.
Income or expenses relating to past or future accounting periods. For instance, dissolving a provision for a lawsuit which never materialized: income from the reversal of provisions. *Not* included in operating profit/income.

Arbeitsgemeinschaft
joint venture.

Aufgeld, Agio
premium, bond premium, paid-in surplus.
Excess of the amount received over the face or par value of a security.
→ Nominalwert, Nennwert.

Auflösung von Reserven
reversal of reserves.
Revocation of a reserve account that changes into revenue; for instance, reserve for bad debts.
Not a cash inflow.

Aufrechnung, Vergleich, Abgrenzung, periodisch vergleichbar
matching.
Accounting concept. Costs and revenues in the accounting period should be directly

related in order that the computed profit may be true and fair. Matching means "appropriate to" not "equal to."

Aufsichtsrat

supervisory board, board of directors.
Elected by the stockholders to run the business. Consists (in the US) of top executives (inside directors) and external representatives (outside directors).
In Germany, the stockholders elect the board, the board elects the "Vorstand" that runs the business under the supervision of the board.

Auftrag

order.
Purchase contract to a supplier for delivery of goods and services.

Auftragsbestand

order backlog.
Work on hand.

Aufwand, Ausgaben

expenses.
A cash (such as salaries) or non-cash outlay (such as depreciation). Expenditure properly chargeable in the income statement. Amount used up during the accounting period: manufacturing, selling or administrative expenses. Includes depreciation of fixed assets. Expenses are "matched" against revenues during the accounting period to compute the figure of profit.
Note: purchases of small, low value fixed assets are often charged as expense to avoid depreciation calculations and show a conservative financial position (→ geringwertige Wirtschaftsgüter).

Aufwandsentschädigung

allowance.
For business expenses such as travel and entertainment.

Ausbeute, Rendite

yield.
The return received from an asset.
For instance, the annual interest income from a long-term bond; such as a debenture bond or the dividend income from a common stock.

Ausgaben, abzugsfähige

deductible expenses.
For instance, entertainment expenses are allowed as tax deductions only if the expenses are directly related to the active conduct of the business.

Ausgaben, Aufwendungen

expenditures.
Money paid for costs, expenses, assets or other purposes. This produces a negative cash flow. Cash outflow. There could be also a non-cash outlay, such as depreciation.

ausgegebenes, gezeichnetes Aktienkapital

issued capital, issued stock.
Share capital actually issued by a company. Part of owners' equity in the balance sheet. Price at which a share is first sold by a company. Normally nominal value plus share premium or less share discount. May be ordinary preference or deferred shares.
Not bonds or debentures. *Not* cash.
Not working capital.
→ Aktienkapital, Stammaktien.

Ausrüstung, Einrichtung

equipment.
It is a fixed asset for *long-term use* and not for resale. Recorded in the balance sheet at cost less depreciation.
Not market value.

Außenstände, Forderungen

accounts receivable.
Debtors. Money owed to the business; normally by customers. Current asset.

außerordentliche Aufwendungen

extraordinary expenses.
Non-operating expenses.

	Both unusual and infrequent. For instance, an act of God: a hurricane destroys a plant.
außerordentliche Erträge	extraordinary income. Non-operating income. Same as above. For instance, financial compensation from a lawsuit.
außerordentliche Positionen	extraordinary items, non-recurring items.
außerordentliches Ergebnis	extraordinary result. Non-operating profit. For instance, a profit on the retirement of fixed assets.
Auszug, Grundbuchauszug	abstract of title.
Aval	guaranty (US), guarantee (Brit). Collateral acceptance. A contingent liability. → Eventualverbindlichkeit.

B

Bankers' Rule.
Eine Vorgabe der Bankiers/ Kreditgeber

bankers' rule.
Current assets should be twice the monetary value of current liabilities.
→ Zahlungsbereitschaft II.

Bankguthaben

cash in banks.
Checking accounts, savings.

Bankkassierer

teller, cashier.

Bankrott

Bankruptcy.
A court order stating a company is insolvent because the company's liabilities exceed the actual value of its assets.

Banküberziehungskredit

overdraft, bank overdraft.
a) A borrower issues checks against a bank account within a previously established line of credit.
b) A negative balance in a bank account (checking account) because checks have been drawn against insufficient funds. Causes overdraft commission.

bar

cash, cash down.

Bargeld, Barmittel

cash, cash on hand.
The most liquid of current assets.

bargeldlose Transaktion

credit transaction.
A financial record which incurs (accrues) liability. No cash is paid or received until later.

Barliquidität, Liquidität erster Ordnung	acid test ratio, quick test ratio. The basic test of liquidity. Formula: $\frac{\text{short term assets}}{\text{short term liabilities}}$ → Zahlungsbereitschaft I.
Bartransfer	cash transaction. Receipt or payment of cash.
Barverkauf	cash sales. Sales are identical with cash inflow.
Barwert	cash value. Present value or market value of an asset.
Barwert, Gegenwartswert	present value. The current worth of future sums of money. An important element of the discounted-cash-flow method.
Bauten auf fremden Grundstücken	buildings on non-owned land. Part of fixed assets; property, plant and equipment.
Beherrschungsvertrag	dependency agreement between a parent company and its affiliate.
Beirat	advisory council, advisory board.
Belastung (buchhalterisch)	charge, debit. An increase in assets or in expenditures. A decrease in liabilities or in equity.
Beleg	voucher.
Bereitstellung von Geld und Geldanlagen für bestimmte Zwecke	appropriation of funds. Setting apart money for certain purposes; earmarked or reserved.

Bergungswert

salvage value.
Scrap value. Estimated price for a fixed asset that is being taken out of operation. Sometimes, the salvage value is computed when the depreciation rate is determined. In that case the annual depreciation amount is lower.
→ Schrottwert.

Berichtigung am Jahresende

year-end-adjustment.

Bestandsaufnahme, körperliche

physical inventory taking, inventory count.
Determining the volume of inventory on hand (quantity, weight, etc.) through an inventory count.

Bestätigungsvermerk (des Wirtschaftsprüfers)

certificate, auditors' opinion.
Four types of audit opinions:
unqualified opinion, qualified opinion, adverse opinion, and disclaimer.

betriebliche Aufwendungen, indirekte Kosten, indirekte Aufwendungen

operating expenses.
Non-manufacturing costs.
Manufacturing overhead: salaries, postage, taxes (other than income tax); in short, all selling, administrative and general expenses.

betriebliches Budget

operating budget, operational budget.
It reflects the impacts of operating decisions. It includes the forecasts of sales, cost of sales, administrative, selling and other operating expenses, and finally the estimated operating profit.

Betriebsbuchhalter

cost accountant.
The head of the cost accounting department.

Betriebsbuchhaltung

cost accounting department.
Records and reports the cost of producing goods and performing services.

Betriebsgewinn, Betriebsertrag — operating profit, operating revenue, operating income, result from ordinary operations.
Gross profit less operating costs and expenses in the income statement. Excludes all financial and other non-operating income and expenses, such as aperiodical income and expenses.

betriebsnotwendiges Vermögen — employed capital.
Total assets (fixed plus current assets), less financial assets.

Betriebs- und Geschäftsausstattung — fixtures, furniture and office equipment.
Part of fixed assets; property, plant and equipment. Assets in the business.

Bewegungsbilanz — → Kapitalflußrechnung.

Bewertung, Schätzung — appraisal, valuation.
Estimate of the value of an asset, both fixed and current. There are various methods to evaluate an asset, some of which are obligatory such as the lower of cost or market principle.

Bewirtungsspesen — entertainment expenses.
Deductible only when closely related to the business.

Bezugsrecht — → Aktienprämie.

Bilanz — balance sheet.
Accounting statement. Statement of assets owned by a business and the way they are financed from liabilities and owners' equity. Does *not* necessarily indicate the market value of the business.

Bilanz, endgültige — final balance sheet.
→ Abschlußbilanz.

Bilanz und Erfolgsrechnung	accounting statements, financial statements. Balance sheet, profit and loss statement, statement of changes in financial position (funds-flow-statement), cash flow statement.
Bilanz, vorläufige	preliminary balance sheet. Trial balance sheet; tentative balance sheet, temporary balance sheet.
Bilanz, zusammengefaßte	condensed balance sheet. Summary balance sheet. Less essential details have been combined to provide a more general statement for a quick and informative review.
Bilanzanalyse	analysis of financial statements. Financial analysis, ratio analysis.
Bilanzänderung	retroactive balance sheet change. Restatement of former balance sheets to show financial data on a comparable basis.
Bilanzbewertung	appraisal. Estimate of the value of an asset in accordance with recognized accounting concepts and accounting principles. For instance, the lower of cost or market value principle.
Bilanzgliederung	balance sheet classification.
Bilanzkontinuität, Anwendung gleicher Grundsätze	consistency. Accounting concept or accounting principle, used regularly over and over.
Bilanzvermerk	footnote to the balance sheet. Explanatory data that help to understand financial statement figures. For instance, pension plans, lawsuits, tax problems.

Bilanzverschleierung, Bilanzfrisur	windowdressing. To make a company look better financially than it really is. Although misleading, it is normally not a deception or fraud. For instance, a company sells "junk bonds" and replaces them with government bonds for the reporting period.
Bildung einer Reserve	setup of a reserve. An expense but *not* a cash outlay.
Bildung einer Rücklage	appropriation of earnings to a specific surplus account. A transfer. Prevents distribution of profits.
Bildung einer Wertberichtigung	provision for a valuation reserve. For instance, for bad debts. An indirect depreciation.
Bildung von Rückstellungen	setup of accruals. To provide for accruals. A charge; an expense, but *not* a cash outlay. → Rückstellung.
Börsenaufsichtsbehörde	equivalent to: SEC - Securities and Exchange Commission (US). An agency to enforce regulations, policies and standards within the accounting and auditing disciplines (since 1934) to protect the investors interests.
börsenfähige Wertpapiere	marketable securities. Readily tradable debt. A near-cash asset.
Brancheninvestitionen	trade investment. Investment in shares or debentures of another company in the same trade or industry. Long-term investment. *Not* a marketable security. "Other asset" in the balance sheet. Valued at cost or market value, whichever is lower.

Branchenrabatt

trade discount.
Deduction from the selling price of an invoice because the buyer is in the same trade as the seller. *Not* a cash discount.

Bruttogewinn

gross profit.
Difference between sales and cost of goods sold. Profit computed before charging for selling and administrative expense.

Bruttogewinn in % des Umsatzes, Umsatzrendite

gross profit percentage.
Measure of profitability computed.

Formula:

$$\frac{\text{gross profit x 100}}{\text{net sales}}$$

buchen, berichten

accounting, reporting.
Preparing financial statements and other accounting reports from bookkeeping records. Based on accounting concepts and principles.

Buchhalter

bookkeeper.
One who posts accounts. Employs lesser professional skills than an accountant.

Buchhaltung, Rechnungswesen

accountancy,
accounting, bookkeeping.
Recording of transactions in debits and credits. Posting of transactions from journals to ledger to provide data for accounting reports.

Buchhaltungsausdrücke

accounting language.
The professional rather than the normal meaning of the terms.

Buchhaltungsbegriffe, Buchhaltungsgrundsätze

accounting concepts,
accounting principles.
Rules that make possible bookkeeping records to be converted into accounting reports and financial statements.

Buchhaltungsregeln

principles of accounting.
Accounting concepts or rules.
→ Buchhaltungsbegriffe.

Buchprüfer, Bilanzprüfer, Revisor

auditor.
A person who verifies and tests the accounting records.

Buchprüfung

audit.
A verification and control of accounting procedures. For instance, the annual balance sheet.

Buchverlust(-gewinn) aus Abgang von Anlagegütern

loss (profit) on disposal of fixed assets.
Loss (profit) due to sale or retirement of fixed assets. Treated as "other income and expense" in financial statements.

Buchwert

book value.
Carrying value.
Two meanings:

a) Value of assets in the books; original cost of assets less depreciation.
b) Value of ordinary shares in the books. Computed: Owners' equity less preference shares, divided by the number of ordinary shares.

Budget

budget.
A one-year forecast of activities expressed in terms of assets and liabilities, expenses and income. The final step is the pro forma balance sheet : budgeted balance sheet at the end of the budgeting year.

Budgetabweichung

budget variance.
The difference between the budgeted figure and the actual figure.

Budget der betrieblichen Aufwendungen und Erträge

operating budget,
operational budget.
It contains forecasts of sales, the cost of goods sold, administrative expenses, selling expenses, sundry expenses, net income.

Budget der Einnahmen und Ausgaben

cash budget.
It represents the expected cash inflow and cash outflow for a certain period of time. Normally the fiscal year.

Bürgschaft; Fußnote zur Bilanz. Eine Eventualverbindlichkeit

guarantee (Brit.), guaranty (US).
A contingent liability shown as a footnote on the balance sheet; for instance, a guarantee for a bill of exchange.

Büromaterial

stationery, office supplies.
Charged to expenditures. *Not* an asset.

C

Cash	not only cash on hand. It can also mean cash on hand and at banks.
Cash Budget, Budget der Einnahmen und Ausgaben	budget. The estimated cash inflow and outflow for a certain time period to supplement the normal yearly budget. The goal is to avoid both idle cash and cash shortages.
Cash Flow	→ Geldströme.
Cash-Flow-Rechnung	cash flow statement. An analysis of each account to determine the source and use of cash during a specified period. The net final figure is the cash gained or lost during the accounting period. The cash flow statement explains why, for instance, liquid assets have decreased while the company has realized a profit. → Einnahmen- und Ausgabenrechnung.
Cash Flow Cycle, Operating Cycle	→ normale Geschäftsumschlagsperiode.
chaotische Lagerhaltung	random warehouse.

D

Deckungsbeitragsrechnung, Grenzkostenrechnung

direct costing,
contribution costing.
Only variable and identifiable costs are charged to the product, such as direct labor and direct material.
However, for the published balance sheet, inventories are evaluated in accordance with absorption costing methods.
→ Produktionskosten.

degressive Abschreibung

diminishing (declining) balance depreciation, accelerated depreciation method.
A depreciation method which charges off the cost of a fixed asset by the same *percentage* of the reducing balance over its working life. The percentage remains the *same* but the depreciation charge decreases over the time period.

Delkredererückstellung, Rückstellung für zweifelhafte Forderungen

allowance for doubtful accounts receivable. An indirect depreciation.

Diebstahl, Diebstähle

pilferage.
Concerns mostly inventories.

Differenzkosten

incremental cost.
The difference in cost between two or more alternatives.

Direktor

director.
Officer of a company. Member of the board of directors. *Not* necessarily a partner.

Diskont

discount.

a) Difference between the future value = face value and the present value of a payment.
b) Reduction in price given for immediate payment.
c) Excess of the par or face value of a bond, or some other security, over the price paid for it.

diskontierter Cash Flow

→ abgezinster Geldfluß.
→ Cash-Flow-Rechnung.

Dividende in Form von Aktien

stock dividend (US).
The opposite: cash dividend.

Doppelbesteuerung

double taxation.
Can be avoided by double taxation treaties.

Doppik, Abkürzung für doppelte Buchhaltung

dual aspect.
Accounting concept. Two positions for each transaction. Basis of double entry bookkeeping. Debit and credit.

drohende Verluste

anticipated losses, contingent losses.
A risk that has to be booked if there is a probable loss.

Durchschnitt

average.
A measure of central tendency.

durchschnittliche Frist der Zahlungseingänge

average collection period.
→ Umschlag der Forderungen.

E

eigene Aktien

treasury stock,
treasury shares.
Repurchase of common stock and preferred stock by the corporation. *Not* permitted in Germany.

Eigenkapital, Reinvermögen

owners' claims, owners' equity.
The excess of total assets over liabilities. Net worth. Equity.
Consists of paid-in capital and retained earnings. Amount due to the owner of the business. Increased by profits. Reduced by losses and dividends. Assets less liabilities equal owners' equity.
On the balance sheet:

A. Shareholders' equity
- I. Shareholders' equity
- II. Capital surplus (or paid-in surplus)
- III. Earned surplus
  1. Legal reserve
  2. Reserve for treasury stock
  3. Statutory reserves
  4. Other earned surplus
- IV. Retained earnings/accumulated deficit, beginning of year
- V. Net income, net loss
- ( ) Special reserves with an equity portion (tax-favoured reserves)

einbehaltene Gewinne

retained profits, retained earnings,
retained income.
Profits kept in the business.
→ Rücklage.

Eingang abgeschriebener Forderungen

bad debts recovered.
An extraordinary income, related to other periods.

eingezahltes Grund- oder Stammkapital

paid-in-capital.
Part of stockholders' equity. The nominal value of shares issued by a corporation, plus the premiums resulting from sales of shares above par or stated value.

Einkommensteuer

personal income tax.
Government levy on the net earnings of an individual. The income tax provision is shown as an expense in the income tax statement.

Einkommen- oder Körperschaftsteuerverbindlichkeit

income tax liability.
→ kurzfristige Steuerverbindlichkeit.
→ Steuerrückstellung.

Einnahmen- und Ausgabenplan

cash budget.
The estimated, expected cash inflow and outflow for a certain time period, usually one year. It helps the financial chief executive (treasurer) avoid idle cash and cash shortages.

Einnahmen- und Ausgabenrechnung

accounting on a cash basis.
The opposite of double entry bookkeeping.
A method of recognizing income, revenue and expenses only when cash is received or disbursed rather than when earned or incurred. All cash transactions during an accounting period are expressed in a cash flow statement. For another approach → periodisiertes Rechnungswesen.
→ Cash-Flow-Rechnung.

Einrichtungsgegenstände

furnitures and fixtures.
Part of
A. Fixed assets
    II. Property, plant and equipment.

Endsaldo, Endbestand
closing balance.
The final figure in the account which is the difference between the debit and the credit side of the account. It is transferred to the balance sheet or profit and loss statement (closing entries).

entgangene Gewinne
opportunity cost.
→ Alternativkosten.

Entlastung (des Vorstands)
release, discharge.
To exonerate the board of management from responsibility.

Entnahme aus Rücklagen
→ Rücklage auflösen.

Erfolgsbeteiligung
profitsharing.
→ Gewinnbeteiligung.

erklärte, aber noch nicht gezahlte Dividende
unpaid dividends.
Dividends declared as due to shareholders but *not* yet paid in cash. Shown as current liabilities in the balance sheet. Deducted from accumulated profits in the owners' equity.

Erlösschmälerungen
sales deductions.
Returns and allowances, cash discounts, trade discounts, freight-out. Items deducted from gross sales.

Eröffnungsbilanz
opening balance sheet.
At the beginning of the fiscal year.
Brought forward from closing balance sheet.

Ertrag, Gewinn
income.
Earnings. Profit. Sometimes used to mean sales and all forms of incoming benefits. *Not* necessarily in cash.

Ertrag pro Aktie als Prozentsatz
dividend yield.
Percentage of money received per share as related to the selling price of the stock.

Erträge aus Beteiligungen, Erträge aus anderen Wertpapieren und Ausleihungen des Anlagevermögens	income from investments. Income from other long-term securities and loans.
Erträge aus der Auflösung von Rückstellungen	income from reversal of provisions for liabilities. A non-operating income relating to other periods. *Not* a cash inflow.
Ertragskraft	earning power.
Ertragslage	earnings and performances. A company's (financial) position, earning power, and operating efficiency.
Ertragsschwelle	break-even-point. Total sales revenue equals total costs. No profit, no loss. → Gewinnschwelle.
Eventualverbindlichkeit, schwebende Schuld	contingent liability. An obligation, sometimes not yet recorded on the balance sheet as the liability may not (yet) arise. May appear as a footnote on the balance sheet; for instance, guarantees given.

F

fällig

due, payable.
→ Altern der Außenstände.

Fehlbetrag

two meanings:
a) shortage: a cash difference, a missing amount in the cash balance;
b) deficit, capital deficit: negative balance, not covered by owners' equity.

Fertigungskosten

cost of production.

Fertigwaren

finished goods.
Final articles of manufacturing awaiting sales.

Fertigwarenlager

inventory.
Finished goods and trading stock.
Stock of goods on hand for sale.
Includes stores and supplies. Valued at lower of cost or market value; never at selling price. Increased by purchases and/or production. Decreased by sales (cost of goods sold). A current asset on the balance sheet.

Festhonorar

retainer fee.
A fixed amount of money paid for services; usually for consultation on a continuing basis; for instance, to a lawyer or a tax consultant.

Festwertbestand an Vorräten

minimum balance.
Safety balance needed to avoid a possible shortage of materials or supplies.

Finanzanlagen

financial assets.
Investments for a period of more than one year. Part of fixed assets. Comprises shares, loans, security investments.
On the balance sheet:
III. Financial assets
1. Shares in affiliated companies (shares in subsidiary companies)
2. Loans due from affiliated companies (loans due from subsidiary companies)
3. Investments
4. Loans due from other group companies
5. Security investments
6. Other loans.

Finanzbedarf

cash requirements.

Finanzdirektor

treasurer.
Vice-President of finance.
Is often referred to as the Chief Financial Officer (C.F.O.).
In charge of all financial areas; among others: long- and short-term financing, investments, investor relations, banking and custody, credits and collections, insurance, employee benefits.
→ Leiter des Rechnungswesens.

finanzielle Verpflichtung

financial commitment.
Financial obligation.
Short- and long-term debt.

finanzieller, neutraler, periodenfremder, außerordentlicher Aufwand; nicht-betrieblicher Aufwand

non-operating expense.
Expense which does not directly relate to normal operations, such as loss on sale of fixed assets and interest paid.

finanzielles Berichtswesen, wie Jahresabschlüsse und Erfolgsrechnungen

financial statements, financial reports.
Yearly, monthly balance sheets, profit and loss statements, inventory records and others.

Finanzierungskosten	cost of financing.
Firmenwert, Geschäftswert	goodwill. Value of the name, reputation or intangible assets of a business. In accounting it is only recorded at cost when it is *purchased.* It is the difference between the sales price and the net worth of the business. Often amortized, written off to nil. Never valued at market price. Generally a hidden asset of the business. An intangible asset.
flexibles Budget	flexible budget. The variable budget is based on different prospects of business activity.
flüssige Mittel	cash + bank + postal account.
flüssige Mittel einschließlich kurzfristige Forderungen	quick assets.
Fonds; für bestimmte Zwecke gehaltene, verfügbare Geldmittel	fund. Cash or other assets set aside by management for a predetermined purpose. For instance, the periodic reduction of a long term bond issue.
Forderungen, Anspruch	claims. Accounts receivable. Demands against the assets of a business. Creditors' claims are called liabilities. Owners' claims are called owners' equity.
Forderungsumschlag	accounts receivable turnover. → Umschlag der Forderungen.
Forschungskosten	research cost. Separate overhead or part of manufacturing overhead. Expense. Sometimes carried forward as an intangible asset if it is of specific benefit for a future limited period.

Forschungs- und Entwicklungskosten

research and development expenditures.
Expenditures for developing new technology and new products. Sometimes treated as "other assets" or "intangible assets", for example, a patent has been acquired (→ immaterielle Vermögensgegenstände).

frei an Bord (des Schiffes)

F.O.B.
Free on board.
A form of invoicing. Delivery will be made on board without a special charge.

freiwillige soziale Aufwendungen

voluntary employee benefit expenses.
For instance, health-related services.

Fremdfinanzierung

financing with borrowed funds.
For instance, bonds or vendor credit. The opposite of equity.

Fremdkapital, Schulden

liability(ies).
Debt classified as current and long-term.

Fußnoten zu Bilanz und Gewinn- und Verlustrechnung

notes to financial statements.
Notes attached to the balance sheet and income statement which explain:

a) significant accounting adjustments;
b) information required by law if not disclosed in the financial statements;
c) changes in accounting concepts used to prepare the financial statements.

G

Garantie

guaranty (US), guarantee (Brit).
→ Aval.
→ Eventualverbindlichkeit.

Gebäude

buildings.
Fixed assets unless acquired for resale. Depreciated to expense over its working life. Balance sheet value at cost less depreciation. Sometimes revalued periodically.
Note: land is not depreciated.

Gehaltsabrechnung

payroll.
Costs of the employer incurred for employees' services. Salaries and wages are expenses *and* cash outflow. A rare occurrence because there is no time lag between expenses and cash outlay.

Geld

money, cash.
Accounting concept. There exists a limitation in the accounting reports in that they do not reveal facts about the business which cannot be directly expressed in monetary terms.

Geldabfluß

cash outflow, cash outlay.

Geldströme, Veränderung der flüssigen Mittel

cash flow.
Consists of cash inflow and cash outflow. Cash receipt minus cash disbursement during a given period. Sometimes only the balance of cash inflow and cash outflow.
→ Mittelzufluß und Mittelabfluß.

geleistete Anzahlung → Vorauszahlung.

Gemeinkosten overhead, burden.
Expense. Indirect cost which cannot be conveniently associated with a unit of production; for instance, manufacturing overhead.

geringwertige Wirtschaftsgüter low value items.
May be written off in the year of acquisition.

Geschäft business.

Geschäftsbericht annual report.
Includes the balance sheet, the income statement, the statement of retained earnings, the statement of changes in financial position, the cash-flow-statement, and the chairman's report of the financial and business conditions of the company.

Geschäftsjahr, Abrechnungszeitraum, Wirtschaftsperiode, Wirtschaftsjahr fiscal year, business year, annual accounting period, trading year (Brit).
Normally 12 consecutive months, ending December 31st.

geschätzter, budgetierter Finanzbericht: Bilanz, Erfolgsrechnung u.ä. pro forma financial report.
Forecast or projected financial reports such as the balance sheet, the statement of income and expense, the statement of retained earnings, the statement of changes in financial position, the cash flow statement. These pro forma statements are the final step in the budgeting process.

Gesellschaft company.
Legal entity. A non-incorporated entity with unlimited liability.
→ Aktiengesellschaft.

Gesellschaft, Konzern

corporation.
Company that has gone through the legal process of incorporation. A limited liability stock company.

Gesellschafterversammlung, Hauptversammlung

shareholders' meeting, partners' meeting.
Ordinary shareholders' meeting. Annual stockholders' meeting.

gesetzliche Rücklage

legal reserve.
Part of legal capital that cannot be used for the payment of dividends.
→ einbehaltene Gewinne.

gesetzliche soziale Aufwendungen

compulsory employee benefit expenses.
Social security expenses. Levy on employers and employees charged by the government to fund the social security program.

Gestehungskosten der verkauften Güter, Wareneinsatz

cost of sales,
cost of goods sold.
Cost of goods *actually* sold during the accounting period. Includes raw materials, direct labor, manufacturing overhead. Excludes cost of goods left unsold. Excludes all overhead except manufacturing expenses. Charged in the income statement. Sales less cost of goods sold equals gross profit.

Gewerkschaft

labor union.

Gewinn

surplus, profit, revenue,
income, earnings.
Excess of sales over costs and expenses during an accounting period. Does not necessarily increase cash. It may be reflected in increased assets and/or decreased liabilities. Increases owners' equity. The term *net* profit means profit less (after) income tax.
→ Rücklage.

Gewinn (brutto od. netto), Verdienst, Einkommen	earnings. Income, profits. The net income of the business.
Gewinnausschüttung	distribution of profits, of earnings. Normally, not all profits are distributed. → einbehaltene Gewinne.
Gewinnausschüttung, verdeckte	hidden profit distribution. Done often to evade taxation.
Gewinnbeteiligung der Mitarbeiter	profit sharing plan. A portion of net earnings divided among the staff.
Gewinn nach Steuern (Körperschaftssteuer)	profit after taxes. Net profit. Profit less income tax for the accounting period in the income statement.
Gewinnrücklage	earned surplus, retained earnings. Profit not (yet) distributed.
Gewinnschwelle	break-even-point. The point at which the volume of sales equals the total cost and the total revenue. At the break-even-point total sales will cover all fixed cost plus the variable cost.
Gewinn- und Verlustrechnung, Erfolgsrechnung	profit and loss account, profit and loss statement, statement of earnings. Income statement. It supplements the balance sheet. Statement of income showing sales, costs, expenses, other income, taxes and profit for an accounting period. Statement of income and retained earnings. → Gewinn- und Verlustrechnung.

Gewinn- und Verlustrechnung für das Geschäftsjahr 19.. (Überschrift der Erfolgsrechnung)
statement of income for the year ended (December 31, 19..).
Two alternatives.
→ attachments to this glossary.

Gewinn, unerwarteter
windfall profit.
Income, unexpected and in most cases not due to the efforts of the management.

Gewinn vor Steuern
profit before taxes.
Operating profit less non-operating expenses plus non-operating income in the income statement.

Gewinnvortrag
unappropriated retained earnings.
Undistributed profits.

Gewinnzone (Verlustzone), mit Gewinn (mit Verlust) arbeiten
to operate in the black (in the red).
The entity makes a profit (loss).

Gewohnheitsrecht
→ Annahme.

gezeichnete, aber noch nicht bezahlte Einlagen auf das Grundkapital, auch gezeichnetes Kapital
subscribed capital stock.
Shares acquired under an instalment plan. Appears under capital stock in the equity section of the balance sheet.

gezeichnetes Kapital
→ Aktienkapital, ausgegeben, gezeichnet.

Girokonto
checking account.
Cash at bank available for immediate use or disposal.

Gläubiger
creditor.
Someone or an entity to whom money is owed or payable: account payable, liability: Money owed to other parties. *Not* owners' equity. Current or long-term liability.

Gläubigerkonten
accounts payable.
Creditor; money owed by a business to others, mostly suppliers. Current liability, payable within less than one year.

Grenzen des Rechnungswesens

limitations of accounting.
Accounting reports may show a less than realistic picture of a business because:

a) Some important facts cannot be stated in money.
b) Accounting periods at fixed intervals create uncertainty from incomplete transactions.
c) Accounting is *not* scientific but depends on judgment.
d) Accounting reports depend on concepts.
e) Some important facts are not stated in financial reports.

→ Grundsatz der „ordnungsgemäßen" Buchhaltung.

Grundsatz der „ordnungsgemäßen" Buchhaltung, wahrheitsgetreu

true and fair.
Accounting concept. Balance sheet and income statement seek to show a "true and fair view" (correct) of the business.
→ Grenzen des Rechnungswesens.

Grund und Boden; eigenes oder gepachtetes Grundstück

land.
Freehold or leasehold property owned by a business. Normally fixed asset. Recorded at cost. Normally *not* depreciated. Sometimes revalued to market value. Difference between cost and revaluation increases fixed assets and thereby capital reserves.

gutgläubig

bona fide.

H

Haftungsverhältnisse

contingent liabilities and commitments (on the balance sheet):

a) Notes discounted
b) Guarantees and endorsements
c) Warranties
d) Liabilities from the extension of collateral securities for others.

halbfertige Waren, Halbzeug, unfertige Erzeugnisse

work in process, semi-finished goods. Inventory stock. Work partially completed. Half-finished goods "on the floor." Valued at the lower of manufacturing cost or market value (Niederstwertprinzip).

Handelsbilanz

financial balance sheet.
→ Steuerbilanz.

Handelsware, unterwegs befindlich

merchandise in transit.
Goods acquired for resale.

Handelswarenbestand

merchandise inventory.
Goods acquired for resale by wholesalers and retailers.

Hauptbuch

ledger (general).
Book of accounts.
Book in which all accounts of the company are kept.

Hauptversammlung

→ Gesellschafterversammlung.

Hebelwirkung (eigentlich unübersetzbar); befaßt sich mit den Kosten des im Unternehmen arbeitenden Kapitals, also Eigenkapital versus Fremdkapital

leverage.
Trading on the equity. For example, use of borrowed money at a fixed interest rate to gain a higher rate of return for the stockholders. Deals with cost of capital. Cost of equity versus the cost of liabilities (borrowed money).

Herkunft der flüssigen Mittel oder von Geld und Geldanlagen

source of cash.
All sources of cash are shown on the cash flow statement. Two meanings:
First, inflow from operations; for instance, increase in liabilities, decrease in assets.
Second, cash inflow from capital market transactions; for instance, issuing common stock or long-term bonds.

Herstellungskosten der verkauften Produktion oder Ware, Wareneinsatz

cost of goods sold.
Cost of goods *actually* sold during the accounting period. Includes raw materials, direct labor, manufacturing overhead. Excludes cost of goods left unsold. Excludes all overhead except manufacturing expenses. Charged in the income statement. Sales less cost of goods sold equals gross profit. Cost of sales.

Hilfs- und Betriebsstoffe

supplies, manufacturing supplies.
An expense item. Material used up but *not* part of the final product. On the balance sheet:
B. Current assets.
  I. Inventories
    1. Raw materials and supplies.

Hinterziehung von Steuern

tax evasion, tax fraud.
Failure to pay legal taxes; for instance, failure to report income received.

Hypothek

mortgage.
Long-term loan; normally secured on a fixed asset. *Not* a current liability.

hypothekarische Belastung

encumbrance.
Loan secured by a lien on a fixed asset.
A lien is the right of a creditor to keep possession of the property of another person or entity to satisfy a debt.

I

im Bau befindliche Anlagen	construction in progress. In the process of being built. Not yet completed. A fixed, long-term asset. At cost.
immaterielle Vermögensgegenstände, immaterielle Anlagewerte: Konzessionen, gewerbliche Schutzrechte, Lizenzen, Firmenwert, Rechtstitel, Patente u.a. nicht greifbare Aktiva des Anlagevermögens	intangible assets. Assets which cannot actually be touched; not physical assets; sometimes "other" assets. *Not* current assets. Examples are goodwill, patents, copyrights. → Sachanlagen.
indirekte Kosten, meist fix	indirect costs. Costs that are difficult to attribute to a specific product, such as telephone bills.
indirekte Produktionskosten, Gemeinkosten	manufacturing expenses. Manufacturing overhead. Manufacturing burden. Part of cost of goods sold. *Not* sales and/or administrative expenses.
Inhaberschuldverschreibung	bearer bond, coupon bond. Entitles the holder to payments of both principle and interest.
Innenrevision	internal audit. Performed by the internal auditing department of a company using established auditing practices to determine the appropriateness of management procedures, the functioning of adequate internal controls, preventing fraud, the determination of proper record keeping, and analysing operational efficiency.

Innenrevisor

internal auditor.
Ensures the proper functioning of the system of internal control.

innerbetriebliche Kontrolle

internal control.
Methods and procedures to oversee and safeguard the assets of the company, deter fraud, prevent mistakes, check the accuracy of the accounting data, and determine that accepted managerial policies and procedures are practised. Internal audit is part of the system of internal control insofar as it ensures the proper functioning of the system.
→ Innenrevision.

Instandhaltung

repair and maintenance cost.
→ Instandhaltungskosten.

Instandhaltungskosten, Reparaturen

maintenance cost.
Expense of maintaining or repairing the fixed assets of the business. Charged as expense in the income statement.

internes Kontrollsystem

a system of internal control.
A method to safeguard the assets of the company.
→ innerbetriebliche Kontrolle.

Inventurbewertung

FIFO: first in, first out.
A method of determining the cost of inventory in the manufacturing process. The raw materials are used and the merchandise is sold in the order of its receipt.
LIFO: last in, first out.
A method of determining the cost of inventory in the manufacturing process. The raw materials are used and the merchandise is sold in the reverse order of receipt. This method is a conservative one in times of inflation.

Inventur durch körperliche Bestandsaufnahme

physical inventory count,
stocktaking (Brit).
Normally done at the end of the fiscal year.

Investition

investment.
Amount invested in fixed assets of a business or in stocks, shares, bonds, debentures.
→ Investitionsplanung.

Investitionen (in Sachanlagen)

capital outlay,
capital expenditures
on tangible fixed assets.
The actual cash expenditure for fixed assets, such as a new machinery. *Not* for current assets.

Investitionsplanung

capital budgeting.
Planned expenditures for investments in long-term assets.

J

Jahresabschluß, Jahresbilanz, Abschlußbilanz	package of accounting statements, year-end closing, annual balance sheet. Set of financial statements. Balance sheet, income statement, statement of retained earnings (accumulated profits), statement of changes in financial position (new term for the funds-flow-statement). Cash flow statement. → finanzielles Berichtswesen.
Jahresfehlbetrag	net loss. Total expenses have been higher than total income. Reduces the equity.
Jahresüberschuß	net income, net profit. Revenue after taxes. Total income has been higher than total expenditures. Increases the equity.
Juristische Person	legal entity.

K

kalkulatorische Kosten
imputed costs.
Implicit costs; costs that are estimated.

Kapazität
capacity.
The ability to produce. The limits are the availability of space, machinery, material, labor and capital.

Kapazität, ungenutzte
idle capacity.
For instance, idle machinery.

Kapazitätskosten
capacity costs.
Fixed costs.

Kapital, auch Vermögen
capital.
Several different meanings:
a) share capital
b) owners' equity
c) working capital
d) employed capital
e) invested capital
f) net worth
Equity includes share capital plus disclosed reserves.

Kapitalflußrechnung
statement of changes in financial position.
Statement of source and application of funds. Funds flow. The net result is the working capital.
→ Mittelherkunft etc.

kapitalisieren
to capitalize.
To charge expenses to an asset account instead of a profit and loss account; for instance, the repair of an installation could be charged to fixed assets.

Kapital-Reserve, auch Überschuß	capital reserve, capital surplus, capital profit. *Not* available for normal dividends. Includes share premium. *Not* cash.
Kapitalrückfluß	pay-back-method, pay-out. The period of time necessary to recover original cash investment, without computing interest or inflation.
Kapitalrücklage	premium on capital stock. Paid-in surplus. Capital surplus. Excess received over the nominal value of shares issued. *Not* available for dividends. *Not* part of income statement. Part of shareholders' equity.
Kapitalüberschuß, (ges.) Rücklage aus Agio Aufgeld	capital surplus reserves. Capital reserve. Legal reserve. Appropriation to reserves from share premiums.
Kapitalumschlag	capital turnover. A measure of efficiency. Formula: $\frac{\text{turnover}}{\text{capital}}$
Kasse	petty cash. Cash on hand.
Kasse + Bankguthaben + Postscheck; auch flüssige Mittel	cash. Money assets of a business. Includes both cash on hand and cash at bank. *Not* "Kasse". Part of current assets. Actually, the most liquid of any asset.
Kassierer	cashier, teller.

Kennziffern

ratios.
Relationship of one amount to another. Indispensable for analysing financial statements.
The most important ratios are:

a) profitability

$$\text{return on equity} = \frac{\text{net profit}}{\text{equity}}$$

b) market value
price/earnings ratio

$$= \frac{\text{stock exchange quotation}}{\text{earnings per share}}$$

c) leverage

$$\text{debt/equity ratio} = \frac{\text{total liabilities}}{\text{equity}}$$

d) turnover
accounts receivable turnover

$$= \frac{\text{net credit sales}}{\text{average accounts receivable}}$$

e) liquidity
acid test ratio =

$$\frac{\text{cash} + \text{marketable securities} + \text{accts. rec.}}{\text{current liabilities}}$$

kondensierte/ zusammengefaßte Bilanz

condensed balance sheet.
Provides only a general survey of significant financial information.

Konkurs

bankruptcy.
The company's liabilities exceed the value of its assets.

konservativ; vorsichtige Bewertung

conservatism.
Accounting concept. Accounting reports avoid overstating the financial position.

Profits usually not recognized until realized. Losses usually recognized as soon as they are known.

Kontenplan

chart of accounts.
A list of ledger account names and numbers arranged in the order in which they appear in the financial statements.

Konto

account.
Recording the transactions of a business in the form of debit and credit entries.

Kontokorrent

current account, running account.

Konzern

group.
Combine, group of companies.

Konzernbilanz

consolidated balance sheet.
Shows the financial position of an affiliated group of companies as if the group were a single company.

Konzerngesellschaft

affiliated company,
associated company.
A company whose voting stock (less than 50%) is held by another company (the parent company). Part of financial assets on the balance sheet of the parent company.

Konzessionen

franchises.
A fixed asset. An intangible asset.
Two meanings:

a) A privilege granted by a franchisor to a franchisee permitting the use of the franchisor's name. The franchisee has to pay a fee for this right.
b) A government right granted to an enterprise giving it a monopolistic advantage; for instance, a public utility, such as a power plant.

körperliche Bestandsaufnahme
inventory count.

Kosten
cost.
Several meanings:
a) expenditure on a given thing;
b) to compute the cost of something;
c) direct cost or indirect cost (indirect cost is overhead; direct cost is part of the goods sold).

Kostenabrechnung, Betriebsbuchhaltung, Betriebsabrechnung
cost accounting.
Recording of cost data and preparation of cost statements.

Kosten- und Bewertungsprinzipien
cost concepts.
Accounting principle. For instance, assets valued at cost; *not* market value.
Examples:
a) Fixed assets valued at cost less depreciation.
b) Current assets normally valued at the *lower* of cost or market value.

Kreditbewertung, Krediteinschätzung, Bewertung
rating, credit rating.
The basis for the line of credit, the amount of money available to a borrower.

Kreditplafond
credit limit, credit ceiling, credit line.
Determines the amount of money available to a borrower (usually from a bank) or to a customer from the supplier.
→ Kreditwürdigkeit.

Kreditverkäufe
credit sales.
There is a time-lag between the profit date and the payment date (cash inflow).

Kreditwürdigkeit
credit standing.
Credit rating. Determines the credit ceiling.

Kreditwürdigkeitsprüfung credit investigation.
Supplies information on the credit standing.
→ Kreditwürdigkeit.

Kunde customer.
Client of the company.
→ Kunden.

Kunden trade customers.
Clients of the company. An account receivable. Current asset.

Kunden, zweifelhafte doubtful accounts.
→ Rückstellung für Abschreibungen.

Kundenausfall bad-debt loss.
A delinquent account receivable will finally not be paid.

Kurs: Gewinn-Verhältnis. Ein Bewertungsmaßstab für Aktien price-earning-ratio (P/E Ratio).
Ratio of net income to the selling price of the stock. High P/E indicates a growing, successful company.

kurzfristig short-term, short range.
Up to one year.

kurzfristige Steuerverbindlichkeit current tax liability.
Short-term debt.
Liability due for payment within one year
A current liability.

kurzfristiger Teil einer langfristigen Verbindlichkeit current portion of long-term debt.
Current maturity of a long-term debt due for payment this year.
A current liability.

Kux mining share.

L

Ladenhüter	excessive, obsolete, or slow-moving stocks of any kind. → Vorräte.
Lagebericht	management report.
Lager, Vorräte	stores. Stock supplies. Inventories.
Lagerumschlagshäufigkeit	→ Umschlag des Lagers.
langfristig	long-term. Five years or more.
langfristige Verbindlichkeit	long-term liability. Debt not due for payment until five years; Bonds, debentures or loans. Holders are creditors and receive interest. They are *not* shareholders. *Not* current liability. *Not* owners' equity.
laufende, kurzfristige Verbindlichkeiten	current liabilities. Liability due for payment within one operating period, normally less than one year; for instance, accounts payable, accrued expenses, taxes and salaries payable. Does not include long-term liabilities or owners' equity.
laufendes Geschäft	going concern. Accounting concept. All accounting reports and statements and values assume that the business is continuing and is not about to be liquidated. Accounting market values are therefore based upon those expected in the normal course of business.

Leiter des Rechnungswesens; *nicht* Kontrolleur	controller, comptroller. The number one executive in accounting. He/she supervises the accounting activities of the company. Among other duties: in charge of budgeting, cost accounting, taxes, data processing, auditing, reporting. → Finanzdirektor.
Lieferanten	trade creditors. Accounts payable. Money owed for credit purchases. Current liability.
lineare Abschreibung	straight line depreciation. Depreciation method; charging off the cost of a fixed asset in equal instalments over the years of its estimated working life. → Abschreibung. → degressive Abschreibung.
liquide Vermögensteile	liquid assets. Assets that are cash or can be readily converted into cash. Part of current assets.
Liquidität erster Ordnung, Liquiditäts-Kennziffer	liquidity ratio, quick ratio. → Barliquidität.
Lizenzen	licenses.

M

Maschinenpark — machinery.
Fixed asset if acquired for use and *not* for resale. Valued at cost less depreciation. If produced or acquired for resale it becomes stock or inventory.

Mehrwertsteuer — value-added tax (VAT).
Tax levied on products or services at various stages of production and distribution.

Mittelherkunft — source of funds.
Part of the statement of changes in financial position, showing the items that are added to the working capital; for instance, an increase in long-term debt.

Mittelherkunfts- und Verwendungsrechnung des Working Capital, Kapitalflußrechnung — statement of changes in financial position.
Source and application of funds (working capital). Funds-flow-statement.

Mittelverwendung — application of funds. Use of funds.
Part of the statement of changes in financial position showing the use of funds that are subtracted from the working capital; for instance, additions to property (fixed assets).

Mittelzufluß und Mittelabfluß — funds flow.
The funds-flow-statement shows the reasons for changes in the working capital. Less detailed than the cash-flow-statement. Statement of changes in financial position.

Möbel, Installationen, Geschäftsausstattung

furniture and fixtures.
Fixed assets if acquired for use and *not* for resale.

N

nach dem Alter aufgeschlüsselte Forderungen

aging of accounts.
Aged receivables, divided into these categories: not yet due, due, overdue from 1 to 30, from 31 to 60 days, etc.

Nachlaß

sales allowance.
Special deduction to a customer against the amount due for goods sold. Often allowed for damaged goods or shortages.
→ Verkaufsrabatt.

nachzugsberechtigte Vorzugsaktien

cumulative preference shares (preferred stock).
Stock whose unpaid dividends accumulate until they are eventually paid by the company. Some preference shares are specifically non-cumulative; they are part of the company's total capital.

Nebenkosten

additional charges, ancillary expenses.
For instance, unloading of goods in transit.

Nennwert, Nominalwert, Nennbetrag

face value. Par Value.
Nominal or stated value of shares and bonds. *Not* the market value.

Netto

net.
Two meanings:
a) Figure after deduction; e.g., gross sales less sales returns equals net sales.
b) Payment of the full amount with no allowance for cash discount; e.g., net 30 days or 2% discount for payment within 10 days.

Nettobuchwert

net book value.
Original cost less depreciation.

Nettoumlaufvermögen oder Umlaufvermögen abz. kurzfristige Verbindlichkeiten, Betriebsmittel. Eine mittelfristige Liquiditätskennziffer

working capital.
Current assets less current liabilities.
Not as "capital."
Ratio should be 2:1 (bankers' rule).
→ Mittelzufluß und Mittelabfluß.

neutraler Aufwand/Ertrag

non-operating expense/income.
For instance, income deductions or other revenue.

nichtbetrieblicher Aufwand/Ertrag

non-operating expense/income.
For instance, interest paid or received.

Niederlassung

two meanings:
a) place of business, establishment, settlement;
b) branch.
Part of a group.

Niederstwertprinzip

cost or market value – whichever is lower.
An evaluation principle of current assets, based on conservatism. The lower of cost or market value is the evaluation prescribed. For example: inventory and marketable securities have to be evaluated on the basis of lower of cost or market on an item by item category. Applies only to current assets; on land or other fixed assets only if large market value losses occurred.

Nießbrauch, Genußrechte

beneficial interest.
Rights of usufruct. Right of use.
For instance, estate for life.

Nominalwert	nominal value. Face value of shares. The authorized and issued share capital in the balance sheet shows the stated value of the shares separately from any premiums or discounts. *Not* the full book value or market value.
normale Geschäftsumschlagsperiode	operating cycle. The length of time required to regain the amount of cash put into the business. Cash flow cycle.
Nutzungsdauer, durchschnittliche	average life. Service life, useful life.
Nutzungsdauer, voraussichtliche, eines Wirtschaftsgutes	expected life. Anticipated useful life of an asset (fixed or long-term). The basis for the rate of depreciation.

O

objektiv	objective.
Obligation	bond, debenture, obligation, promissory note. A written promise to pay the nominal value at the maturity date. Could be a short- or long-term liability.
offene Rücklagen	disclosed reserves. Retained earnings. Profit not (yet) distributed. The opposite of hidden reserves.
Offenlegungspflichten	disclosure requirements. For instance, disclosure of information.
öffentliche Rentenpapiere	treasury bonds.
ohne Berechnung	free-of-charge. No charge.
Opportunitätskosten	→ Alternativkosten.
ordnungsgemäß	true and fair. → Grundsatz der ordnungsgemäßen Buchhaltung; wahrheitsgetreu.

P

pachten	to lease, to rent.
Pachtland	leasehold property.
Pachtvertrag	lease. Legal agreement whereby the lessee uses property of the lessor for a rental charge.
Passiva	liabilities and shareholders' equity. On the balance sheet: A. Shareholders' equity B. Reserves and accrued liabilities C. Liabilities D. Deferred items ( ) Contingent liabilities and commitments.
passiver Rechnungsabgrenzungsposten	accrued expenses, accrued liabilities. Part of current liabilities. Charges incurred but not yet paid; for example, interest due at the end of the fiscal year but not paid until the next accounting period. *Not* a financial obligation.
Patent	patent. Legal right to exploit an invention. Asset in the balance sheet. Recorded at cost less amortization under the heading "Other assets." In Germany the latter.
Patentgebühr, Lizenzgebühr	royalty.
Pauschalbetrag, Pauschalpreis	lump-sum amount. All-inclusive price.

Pensionsrückstellung
pension reserves.
Obligations to make payments (annuities) to former employees at a future date; a long-term liability.

Periodenabgrenzung
incomplete transaction.
Events of the business which are not concluded at the end of the accounting period. This causes uncertainty in accounting. Concept of profit recognition must be employed to determine in which accounting period the profit is earned.

periodenfremd
relating to other periods.

periodenfremder, nichtbetrieblicher Aufwand
non-current expense. Non-operating expense.
For instance, interest or other financial expense, relating to other periods.

periodenfremder Ertrag
prior years' revenue.

periodisch
periodic(al).
The basis of double entry accounting. For instance, income from sales is recognized when services are invoiced independent of cash receipt. The opposite of cash basis accounting.
→ periodisiertes Rechnungswesen.

periodische Abgrenzung von Aufwand und Ertrag
matching of expenses and income.
Matching of expenditures and revenues.
→ Aufrechnung, Vergleich, Abgrenzung, periodisch vergleichbar.

periodisiertes Rechnungswesen
accrual basis accounting.
The opposite of cash basis accounting. Revenue is recognized when earned (for instance credit sales), although not received in cash. Similarly, expenses are recognized, when incurred, although no

	cash payment has been made (for instance, depreciation). → Einnahmen- und Ausgabenrechnung.
Personal	personnel, staff, crew.
persönlich	personal(ly), individual(ly).
Pfandrecht, Zurückhaltungsrecht	lien. → hypothekarische Belastung.
Postgiroguthaben, Postgirokonto	postal giro balance, postal checking account. Not available in US and Great Britain.
Preisnachlaß	price reduction.
Probebilanz, Rohbilanz, Saldenbilanz	trial balance. Listing of the account balances from the general ledger. Total debits must equal total credits.
Produktionskosten	operating cost. Manufacturing expenditures, such as labor and raw materials.
Provision	commission. Payments due to an agent for products or services rendered.
Prozeß	lawsuit. A case before court.
Prüfungsbericht	auditor's report. Analysis and evaluation of a company's financial records.
Prüfungsumfang	scope of audit. Concerns the methods and procedures of the audit, the extent of what was done, and the financial details examined, in accordance with generally accepted auditing standards.

Q

Quellensteuer

withholding tax.

Tax withheld at source. Taxation at source. For instance, deduction from salaries for the payment of income taxes.

R

Rabatt allowance, rebate.
→ Erlösschmälerungen.

Rationalisierungsinvestition investment.
Made to increase efficiency and to reduce the work force.

realisierter Gewinn recognition of profit.
Accounting concept. Profit is not recognized and recorded until *realized* either in cash or in accounts receivables. In contrast, losses are recognized immediately when they are known. Profit normally is recognized when goods are shipped to the customer, *not* when the order is received or when the customer pays for the goods.

Rechenfehler, Schreibfehler clerical error.
Miscalculation, arithmetical error.
A mistake in calculating or typing.

Rechenschaft, Rechenschaftspflicht accountability.

Rechnungsabgrenzungsposten prepaid expenses, deferred charges.
→ aktiver Rechnungsabgrenzungsposten.
→ passiver Rechnungsabgrenzungsposten.

Rechnungsperiode accounting period.
Period of time from one balance sheet to the next. Period of the income statement. May vary from one month to one year.

Rechts- und Beratungskosten

legal and professional fees.
For instance, the services of a lawyer, a tax consultant, an auditor.

reelle Aktiva, Sachanlagen

tangible assets.
Assets which can be physically identified or touched. Sometimes means only those assets which have a definite value; excludes intangible assets, goodwill and research and development expenditures carried forward.
→ immaterielle Vermögensgegenstände.

Regeln

rules.
Accounting rules are concepts. Some rules are definitive; others depend on judgment based upon accepted accounting principles.

Reingewinn

net profit, net gain.
Profit for the accounting period after income tax. Income. Earnings. Increases owners' equity. Does *not* necessarily increase cash balance.

Reingewinnprozentsätze

net profit percentages.
Measures of profitability:

a) Net income to sales:

$$\frac{\text{net income}}{\text{net sales}} = \text{profit margin}$$

b) Net profit to owners' equity = return on investment (R.O.I.)

$$\frac{\text{net profit}}{\text{owners' equity}} = \text{return on equity}$$

c) Net profit to employed assets = return on assets (R.O.A.)

$$\frac{\text{net profit}}{\text{total assets}} = \text{return on employed assets}$$

Note: This return on assets may appear to be high if the assets in the balance sheet are significantly undervalued.
→ Verzinsung des (betriebsnotwendigen) Vermögens und Verzinsung des investierten Kapitals. (R.O.A. und R.O.I.)

Reinverlust

net loss.
The sum of costs and expenses exceeds total earnings for the fiscal year, or any other accounting period. Decreases owners' equity but not necessarily the liquid assets.

Reinvermögen

net worth.
Owners' equity. Total assets minus total liabilities. Balance sheet value of owners' claims. Does *not* necessarily indicate market value of a business.

Rente, Pension

annuity.
Series of equal periodic payments or receipts. For instance, interest payments received from securities.

Rentenpapiere, öffentliche

treasury bonds.
a) Long-term written promise to pay; issued by the U.S. Treasury department.
b) Paper issued by a corporation and then repurchased. This means, it is retired.

Reparaturen, Instandhaltung

repairs, maintenance.
An expense account. Sometimes parts of these expenses are capitalized: added to fixed assets.

Reserve, Rücklage

reserve.
→ Rücklage.

Reserve, Rücklage, eine bilden

to set up a reserve.
An expense. Reduces the earnings. Not a cash outlay.

Retouren
sales returns.
Goods returned to a business by its customers for cash or credit.

Rohbilanz, Probebilanz
trial balance before closing.
Listing of the account balances from the general ledger.

Rohstoffe
raw materials.
Goods that are to be processed in manufacturing.

Roh-, Hilfs- und Betriebsstoffe
raw materials and supplies.
On the balance sheet under current assets, inventories.

Rücklage
reserve account.
Appropriated surplus. Part of the company's equity.

Rücklage, nicht ausgeschüttete Gewinne
general reserve.
Part of accumulated profits set aside in the owners' equity section of the balance sheet. Avoids distribution of profits as dividends. It is not an asset, not cash. Merely part of owners' equity shown separately on the balance sheet.

Rücklage, in dem Unternehmen zurückbehaltener (thesaurierter) Gewinn
retained earnings, retained profit, retained income.
Earned surplus. Profits not paid as dividends; kept in the business.
Not available for the immediate payment of dividends. Available, however, for possible *future* dividends. Accumulated profit. Can be transferred to general and specific reserves. *Not* capital reserves. *Not* capital surplus. Part of owners' equity.

Rücklage auflösen
to reverse a reserve, to release a reserve.
A transfer from reserves to income. Usually, to offset an operating loss.

Rücklage aus Agio/ Aufgeld
capital surplus, paid-in surplus.
→ Aufgeld.

Rücklage für eigene Anteile
reserve for treasury stock.
Part of owners' equity.

Rücklage, satzungsgemäße
statutory reserve.
In accordance with the bylaws of the corporation. Part of equity.

Rückstellung
accrued liability, provision.
Payable. Both current and long-term obligation. Includes often a hidden reserve (verdeckte Rücklage); for instance, a provision for the court and legal costs of a pending lawsuits that are overstated.
Several different meanings:
a) Reserve, i.e., future income tax liability.
b) Accumulation, i.e., accumulated depreciation.
c) Expense, i.e., depreciation expense.
d) Accrual, i.e., accrued expense liability.
→ Bildung von Rückstellungen.

Rückstellung auflösen
to reverse an accrual.
An income. *Not* a cash inflow.
Most often, an extraordinary income, relating to other periods.

Rückstellung bilden
to set up an accrual.
An expense. *Not* a cash outflow.

Rückstellungen (in der Bilanz)
reserves and accrued liabilities.
a) Pension reserves and reserves for similar obligations.
b) Accrued taxes.
c) Other reserves and accrued liabilities (in der Bilanz).

Rückstellung für Abschreibungen, eine indirekte Abschreibung,
accumulated depreciation.
Extent to which the cost of fixed assets has been allocated to depreciation expense,

auch: Wertberichtigung, z.B. auf Positionen des Umlaufvermögens

since the asset was originally acquired.
Reserve for depreciation.

Rückstellung für Körperschaft- (Einkommen-) steuer

provision for income tax.
Income tax on the profit in the income statement. Sometimes refers to:

a) a charge in the income statement and/or
b) a liability in the balance sheet.

Rückvergütung

refund, reimbursement, rebate.
→ Rabatt.
→ Erlösschmälerungen.

Ruhegeld

pension payment, retirement compensation, old age compensation.
→ Pensionsrückstellung.

S

Sachanlagen	→ reelle Aktiva.
Saldenbestätigung mit Rückantwort	positive confirmation. An auditor's request to a client, a supplier or a bank, to verify a financial item. A positive confirmation requests a reply.
Saldenbilanz	trial balance. A listing of the balances of all accounts. → Probebilanz.
Saldo	balance. Difference between the debits and credits in a ledger account.
Saldo der Gewinn- und Verlustrechnung	profit and loss appropriation account. Statement of accumulated profits. Retained earnings.
satzungsgemäße Rücklage	statutory reserve. In accordance with the bylaws/constitution of the corporation. Part of owners' equity.
Schreib- oder Rechenfehler	clerical error. A mistake in calculating or typing.
Schrottwert	scrap value. Two meanings: When referring to fixed assets depreciation rates, scrap value is the same as salvage value. When referring to manufacturing operations, scrap value is the selling price of leftover materials used.

Schuld, Verbindlichkeit, Fremdkapital
debt.
Liability(ies). Money or services owed to a creditor.

Schulden
outstanding debts.
Short- and long-term financial obligations; money owed by a business to outsiders.

Schuldner, Debitor
debtor.
A company or entity that owes money to a creditor. For instance, accounts receivable. Money due a business. A current asset.

Schuldscheindarlehen
loan against a promissory note.
This is a formal, unconditional, written declaration to pay a certain amount of money at a certain date.

Schuldscheine
bonds. Certificates of indebtedness.
Long-term loans. Often secured by assets. *Not* current liabilities. A common type of bond is a debenture.
→ obligation.

Schuldwechsel
note payable, promissory note.
A current debt. Short-term liability.

schwebende Geschäfte
pending transactions, pending contracts.
A business transaction in suspense.
Difficult to account for.

Sicherheit, dingliche Sicherheit
security.
Collateral. Assets claimable in priority by some creditors over others.

Sicherheit, Sicherheiten
collateral.
Security. An asset that can be pledged to obtain a loan.

Sitz einer Firma
place of registration.
Generally, the principal place of business and the headquarters of the company. Home office.

Skonto

sales discount.
Trade or cash rebate on sales.
Trade, quantity or price discounts are given by the seller for the purchase of large quantities. Cash discounts are given by the seller to the buyer for early payment, before due date, of the amount due. Gross sales less sales discounts less rebates = net sales.

Sonderabschreibung

accelerated depreciation,
write-down.
A onetime extraordinary charge.
Special depreciation.
Partial reduction of an asset.
→ Sonderabschreibung, Teilwertberichtigung von Gütern des Anlagevermögens.

Sonderabschreibung, Teilwertberichtigung von Gütern des Anlagever-vermögens

partial write-down of assets, special depreciation by debiting an expense or loss account. The assets' value has diminished.

Sonderbilanz

special purpose balance sheet.
For instance, as a basis for a takeover or a new credit rating.

Sonderposten

special items.
An extraordinary or unusual entry. *Not* necessarily a payment; for instance, an extraordinary write-down of an asset.

Sonderposten mit Rücklageanteil

special reserve with an equity portion.
Not taxable until use or liquidation (german tax law). Normally, the setting up of an accrual or a reserve is already taxable.

sonstige

sundry.
Income, expenses, assets, liabilities that occur from other than normal activities.

sonstige Aufwendungen	1. general expenses. Expense of the business which is *not* part of goods sold, selling or administrative expense in the income statement. Includes: auditors' fees, legal expenses. 2. other expenses. Interest expenses, bank charges, miscellaneous expenses, incidental costs, sundry expenses; usually small amounts.
sonstige betriebliche Aufwendungen	other operating expenses. Other than direct labor or direct material or factory burden.
sonstige betriebliche Erträge	other operating income. Other than revenue from sales. Mostly small items, such as sale of scrap.
sonstige Erträge, andere Erträge	miscellaneous income, other income. Interest income, incidental or sundry income; usually small amounts.
sonstige Gläubiger	Creditors; other than suppliers or credit institutions. For instance, private loans. → andere Gläubiger.
sonstige Steuern	other taxes. Other than corporate income taxes.
Spesen	expenses. For instance, travelling or entertainment expenses.
Spesenerstattung	expense reimbursement. Travel and entertainment expenses to be deductible (as a tax allowance) must be closely related to the active conduct of the business. An expense *and* a cash outlay.

Stammaktien

ordinary shares (Brit).
Capital stock. Common stock. Part of owners' equity in the balance sheet. Holders entitled to dividends recommended by the board of directors. Not preference shares.
Possible values:
a) Face or nominal values.
b) Market value.
c) Issue price (including any premium).
d) Book value; total owners' equity less the nominal value of preference shares.

Stammhaus

home office.
Parent company. Headquarters.

Stammkunden

repeat sales.
→ Wiederholungsverkäufe.

starres Budget

fixed budget, static budget.
This budget is geared to only one level of activities (sales, production, output, performance). Therefore, actual results are compared with budgeted costs regardless of the variance in performance. This makes cost control extremely difficult if not impossible. In this respect the flexible budget is superior.
→ flexibles Budget.

Statuten

bylaws.

Steuerbilanz

balance sheet for tax purposes.

steuerliche Abschreibung

depreciation for tax purposes.
As distinct from normal (commercial) depreciation method.

Steuererklärung

tax return.
The form used to file taxes due the federal authorities.

Steuern vom Einkommen und vom Ertrag, Einkommen- oder Körperschaftsteuer

taxes on income.
Profit (before taxes on income) less income tax = net profit.
Personal or corporate income tax.

Steuerrückstellung

future tax liability.
A provision for future income tax. Tax computed on the current year's profit; not due for payment until a future date. Normally becomes a *current* tax liability in the following year.

Stichprobe, Teilprüfung

test.
Auditing only part of a financial transaction; the opposite would be a 100% check.

stille Rücklage, unterbewertetes Aktivum. Verdeckte Rücklage, überbewertetes Passivum

hidden asset.
Two meanings:
a) An undervalued asset. For instance, undervalued inventories or vehicles. It is not recognized until a financial transaction takes place.
b) An overvalued liability; usually an accrued liability. For instance, the overstatement of the risk of a lawsuit.

Storno

reversal, cancellation.
The reversal or cancellation of an entry.

Strom, Gas, Wasser

utilities.

T

Tagesgeld call money (not to be misunderstood).

technische Anlagen und Maschinen technical equipment, plant and machinery. A long-term asset.

Teilzahlung instalment, partial payment.
Payments of a fixed amount over a specified period of time - apart from an initial downpayment.

Tendenz trend.
Trends and their analysis are used for forecasting and budgeting.

thesaurierter Gewinn retained earnings.
Part of owners' equity.

Thesaurierung → Verhältnis von Ausschüttung zu Rücklagenbildung.

Tilgung von Schuldverschreibung redemption of bonds.
Repayment of bonds by call before maturity, usually involving an early retirement premium.

Tilgungsfonds sinking fund.
A fund set aside for periodic payments in order to reduce a financial obligation. For instance, a bond. The idea is to accumulate investments sufficient to retire the bonds at their maturity.

Tochtergesellschaft two meanings:

a) subsidiary company wholly owned. A company whose voting stock is totally owned by a parent company.

b) Subsidiary, subsidiary company.
A company whose voting stock is controlled (more than 50%) by a parent company. Part of financial assets on the balance sheet of the parent company.

transitorische Aktiva, aktiver Rechnungsabgrenzungsposten (siehe dort)

deferred expenses, deferred charges, prepaid expenses.
Expenses paid in advance for more than one accounting period.
For instance, rent and insurance premium.
Not a financial claim.

transitorische Konten (passiv), passive Rechnungsabgrenzung (siehe dort)

deferred income.
Income received in advance of being earned and recognized. Normally left as a theoretical current liability in the balance sheet, until the sale is made and the income recognized.

Transitware

merchandise in transit.
Normally duty-free.

U

überfällig	overdue, past due. → nach dem Alter aufgeschlüsselte Forderungen.
über pari, **über dem Nennwert**	above par, at a premium. Amount received in excess over the par or face value of a security.
Überschuldung	over-indebtedness, capital deficit, financial insolvency. The company's equity is impaired. Possibly also its ability to pay. → Zahlungsunfähigkeit.
Überschuß	surplus, excess. a) Earned surplus is the accumulated net income less dividends distributed. b) Capital surplus is the stockholders' equity in excess of par or stated value of capital stock.
Übertrag	two meanings: a) brought forward. The sum or amount at the beginning of a new page. b) Carried forward. The sum or amount at the end of a page.
Überziehungskredit	overdraft. The negative balance in a checking account, usually caused by an oversight: checks had been drawn against insufficient funds. The results are invariably very high interest rates to be paid (Überziehungszinsen).

Umbuchung

transaction.
Change in two items in the balance sheet. Cash or credit transaction. May be for sale, purchase, cash receipt, cash payment or accounting adjustment. Translated into debits and credits in the bookkeeping records.

Umlaufvermögen

current assets, revolving assets.
Items of value which are normally realized in cash or used up in operations during one operating period. Normally less than one year. Includes: cash, accounts receivable, inventories, marketable securities, prepaid expenses.
Not fixed or "other" long-term assets; *not* permanent investment.
On the balance sheet:

I. Inventories
II. Accounts receivable and other assets
III. Marketable securities
IV. Checks, cash on hand and in Federal Bank and in postal giro accounts, and cash in banks

Umsatzerlöse

revenues.
Total sales. *Not* necessarily cash inflow.

Umsatzrendite

→ Bruttogewinn in % des Umsatzes.

Umsatzsteuervergütung

turnover tax refund.

Umschlag, Umsatz, Umschlagshäufigkeit

turnover.
A measure of a firm's efficiency.
For instance:

$$\frac{\text{sales}}{\text{capital}} = \text{capital turnover}$$

Other instances are:
inventory turnover, labor turnover.
Sales (Brit).

Umschlag der Forderungen

turnover of accounts receivable.
A test of liquidity. A test of the effectiveness of a company's policy for giving credit to its customers and collecting the money.
Formula:

$$\frac{\text{sales}}{\text{accounts receivable}} = \text{accounts receivable turnover}$$

Umschlag des Fertigwarenlagers

finished goods inventory turnover.
A ratio of sales to finished goods inventory.
Formula:

$$\frac{\text{sales}}{\text{finished goods inventory}} = \text{finished goods turnover}$$

This ratio is one measure of determining how efficiently the company's assets are being employed. The faster the turnover, the more productively the assets are being utilized, improving both the liquidity and the profitability of the enterprise.
Note: The inventory of finished goods must be stipulated at sales prices.

Umschlag des Lagers

turnover of inventory (raw material or finished goods).
A test of liquidity and efficiency. Shows how rapidly inventory is turned into cash.
Formula:

$$\frac{\text{cost of goods sold}}{\text{inventory}} = \text{inventory turnover}$$

Umschulden

to refinance.

Umwandlungsbilanz

balance sheet as of reorganization date.
The company is in financial difficulties, however, continues operations. In this situation, reorganization means the process of revaluating the assets to adapt to current market values and correcting the financial structure, usually downward.

uneinbringlicher Außenstand

bad debt.
Uncollectable account. Debtor who fails to pay.

unfertige Erzeugnisse, unfertige Leistungen

work-in-process, goods-in-process, semi-finished goods.
Partially completed inventory units. Valued either at the total cost to produce or only at the variable costs (direct costing).

Ungewißheit, Spielraum

uncertainty.
A limitation of accounting certainty at the end of each accounting period makes it difficult to determine the true and fair position. This lack of certainty arises from:
a) incomplete transactions
b) the market value of inventory
c) working life of fixed assets for depreciated calculation
d) realizable values of current assets
e) contingent liabilities not yet known or calculable.

ungültig

invalid, void.
Out of force, null and void.

Unternehmensfortführung

going concern.
Financial reports assume that the business will continue to operate and not be liquidated.

Unternehmenskauf durch eigene Mitarbeiter

management buy-out.

Unterschlagung

embezzlement.
Theft of property or cash from a business corporation by an employee.

Unterstützungsfonds, Unterstützungskasse

employee welfare fund.

unterwegs befindliche Ware, Transitware

goods in transit.
Merchandise in transit.
Part of current assets, inventories. Valuation: lower of cost or market; however, usually duty free.

unverdienter oder noch nicht verdienter Ertrag

unearned revenue.
Payment received in advance for providing goods or services. A liability, mostly short-term. *Not* a financial obligation.

unverteilter Gewinn

accumulated profits.
Retained earnings. Balance of profit retained in the business. Increase in owners' equity due to profit earned but not paid out in dividends.
Profit and loss account-balance carried forward.
Not always the profit for one year only.

Urlaubsgeld

vacation pay.
An accrued liability if the vacation is not taken during the fiscal year.

V

Veralterung obsolescence.
Depreciation resulting from new technologies and/or changes in the market. Important for both machinery and inventories.

veraltet obsolete.
→ Vorräte, zu hohe, veraltete oder sich langsam umschlagende (Ladenhüter).

Veräußerungsverlust loss from sales.
They usually cause sale of fixed assets.

Verbindlichkeit payable.
An amount owed to a creditor. Liability. Accounts payable. Usually short-term.

Verbindlichkeit, Verpflichtung, Schulden, Schuldverschreibung obligation.
A liability; could be short-term or long-term; for instance, provisions for health care.

Verbindlichkeiten creditors' claims.
Liabilities. *Not* owners' equity.
On the balance sheet:
a) Debenture loans, of which convertible
b) Liabilities due banks
c) Advance payments received on account of orders
d) Accounts payable, trade
e) Notes payable
f) Accounts due affiliated companies/subsidiary companies
g) Accounts due other group companies

h) Other liabilities, of which for taxes, of which for social security

Verbindlichkeiten aus Warenlieferungen und Leistungen

trade accounts payable.

verdeckte Gewinnausschüttung

hidden distribution of profits.

verdeckte Rücklage

→ stille Rücklage.

vergleichbare Zahlen

comparative figures.
→ Aufrechnung.

Vergleichbarkeit, Verträglichkeit

compatibility.
Accounting concept. Accounting reports and financial statements are prepared consistently so that data are comparable over periods of time.
→ Aufrechnung, Vergleich.

Verhältnis von Ausschüttung zu Rücklagenbildung (Thesaurierung), Dividendenpolitik

pay-out-ratio.
Percentage of cash dividends declared to earnings. Often part of a company's business policy. The percentage is fixed over the years.

Verhältnis von Umlaufvermögen zu kurzfristigen Verbindlichkeiten

working capital ratio, current ratio.
Ratio of current assets to current liabilities. Ratio should be 2:1.
Indication of the liquidity of the business.

Verkauf, Umsatz, Erlöse

sales.
Price for which goods are sold. Total of amounts invoiced. Recognized normally when goods are shipped to the customer.

Verkaufsaufwand, Vertriebskosten

sales expenses.
Cost of promoting sales. Indirect cost. Overhead expense. Not manufacturing, administrative or general expense. In-

cludes: advertising, sales literature, salesmen's salaries, travelling expenses, depreciation of sales' cars, sales promotion.

Verkaufsförderung

sales promotion.
For instance, sampling or visual merchandising. *Not* advertising.

Verkaufskosten, Vertriebskosten

selling expense.
→ Verkaufsaufwand, Vertriebskosten.
→ betriebliche Aufwendungen etc.

Verkaufsrabatt

sales allowance.
Reduction in the selling price because of a special problem; for instance, breakage, incorrect quality, shortages.
→ Nachlaß.

Verlust

loss.
Opposite of profit or income. Excess of costs and expenses over sales. Reduces owners' equity, does *not* necessarily affect the cash balance.

Verlustausweis

showing a deficit.
A debit balance in the profit and loss account resulting from accumulated losses.

Verlustvortrag (in der Bilanz)

accumulated deficit, carried forward.
Accumulated deficit, beginning of year.

Vermögenslage

financial position.
Financial status.

vermögenswirksame Leistungen

tax free compensation to be used for accumulation of capital (german law).

veröffentlichter Jahresabschluß

published financial statements.
Balance sheet, profit and loss account, cash-flow-statement, statement of changes in financial position, statement of fixed assets and statement of accumulated pro-

fits, with comparative figures and notes. It provides less information than internal statements and documents.

Verrechnungskonto

clearing account.
A temporary account containing items that are to be transferred to another account; for instance, the profit account containing items that are to be transferred to the account retained earnings.

Verschuldung, Verpflichtung, Verbindlichkeit

indebtedness.
There are various types of liabilities:
a) actual liabilities,
b) estimated liabilities,
c) contingent liabilities.

Vertriebskosten

→ Verkaufskosten.

Verwaltungskosten

administrative expenses.
Cost of directing and controlling a business. Includes: directors' fees, office salaries, office rent, lighting, heating, legal fees, auditor's fees, accounting services. *Not* research, manufacturing, sales or distribution expenses.

Verwendung

use.

Verzinsung, Zinssatz

rate of return.
Rate of return on investment. Percentagewise. Actual or budgeted.
R.O.I. = return on investment.

Verzinsung des (betriebsnotwendigen) Vermögens

R.O.A. - return on assets.
Profit on total assets = profit on employed capital.
Net income over total assets employed, usually less financial assets.

$$\frac{\text{net income}}{\text{employed capital}} = \text{R.O.A.}$$

→ betriebsnotwendiges Vermögen.

Verzinsung des (von den Inhabern/Gesellschaftern) investierten Kapitals = Reinvermögen

R.O.I. – return on investment.
Profit on equity. Profit on net worth.
Net income divided by capital invested/equity. The most important ratio concerning profitability.

$$\frac{\text{net income}}{\text{capital invested}} \text{ or } \frac{\text{net income}}{\text{equity}} = \text{R.O.I.}$$

Vollkostenrechnung

absorption costing. Actual cost system.
All manufacturing costs, both variable and fixed, are product costs. Administrative and selling costs are treated as period costs.

Voranschlag

estimate, forecast.
A prediction of future events; for instance, a sales budget.

vorausbezahlte Versicherungsprämien (aktive Rechnungsabgrenzung)

unexpired insurance.
Prepaid insurance still in force.
Not a financial claim.

Vorauszahlung, geleistete Anzahlung

advance payment, advances paid, payment on account, prepayment.
A current asset. *Not* a financial claim.

Vorkalkulation

cost estimate.
Past costs are used for predicting future costs.

Vorräte

closing stock (inventory).
Inventory at end of accounting period. Part of the computation of cost of goods sold.
Also:
inventory of goods on hand. Stores. Raw materials, work in process, finished goods. Valued at the lower of manufacturing cost or market value.

Vorräte zu Beginn einer Periode, z.B. des Geschäftsjahres	opening stock. Inventory at the beginning of the accounting period.
Vorräte, zu hohe, veraltete oder sich langsam umschlagende	excessive, obsolete or slow-moving stocks.
Vorräteeinkauf	stock purchases. Purchase of goods for resale.
Vorstandsmitglied	member of the board of management. His function is to plan, to organize, to lead and to control in order to achieve the company's objectives.
Vorstandsvorsitzender	chairman of the board of management. Managing director. President. The top decisionmaker.
Vorzugsaktie	preference share, preferred stock. Share which entitles the holder to fixed dividends only. Normally entitled only to the nominal value. *No* right to share in excess profits. These shares are part of the company's total capital. Preference shares have no voting rights.

W

Wagniskapital	venture capital. Financing source for new businesses that combine a high risk with a potential for a high return.
Wandelschuldverschreibung	convertible bond. Exchangeable for a specified number of shares at a predetermined price, usually at the option of the buyer/holder.
Warenausgang	shipment, delivery.
Wareneinsatz	→ Gestehungskosten der verkauften Güter.
Warenzeichen, Markenzeichen	trademark. It is a legal right afforded a product and its symbols. A long-term intangible asset.
Wartung	maintenance. Expenditures that preserve the quality of an asset but do not improve the asset nor extend its useful life. The latter would be a capital improvement that has to be capitalized : an addition to fixed assets.
Wasser, Strom, Gas	utilities.
Wechsel	note, bill of exchange.
Wechsel, eigener; Schuldwechsel	promissory note. A written, unconditional, formal declaration to pay a certain amount of money at a given date.

Wechselobligo

acceptance liability.
Contingent liabilities from bills of exchange, discounted.

Werbung

advertising.

Werk, Fabrik

plant, factory.

Wert

value.
Several meanings:
a) Accounting value - value according to accounting concepts. Appropriate to the particular asset; for instance, fixed assets valued at cost less depreciation. Current assets generally valued at cost or market.
b) Market value is the current realizable value of inventory in the normal course of business (not in liquidation).
c) Real or true value – difficult to evaluate in accounting.

Wertberichtigung

value adjustments, valuation reserve.
Amount offset against the gross value of an asset to determine the net or real value. For instance, allowance for doubtful accounts or bad debts deducted from gross amount of accounts receivable; or accumulated depreciation against fixed assets.

Wertberichtigung auf Bodenschätze

accumulated depletion.
→ Abschreibung wegen Substanzverzehr.

Wertberichtigung auf das Anlagevermögen

accumulated depreciation.

Wertberichtigung auf Vorräte

inventory valuation adjustment.
An indirect depreciation because parts of the inventory might be obsolete, slow moving or excessive.

Wertberichtigung für zweifelhafte Forderungen	allowance for bad debts, allowance for doubtful accounts, provision for bad debts, reserve for bad debts (outdated), provision for uncollectable receivables.
Wertpapiere, Effekten	securities, stocks, bonds. A financial instrument that shows ownership; for instance, bonds or shares of another company. Often part of current assets. Sometimes a fixed or long-term asset. If part of current assets, it is included in current ratio and acid test ratio.
Wertpapiere, börsenfähige	marketable securities, negotiable securities. Commercial paper. Treasury bill.
Wertpapiere des Anlagevermögens	long-term investments, long-term securities.
Wertpapiere des Umlaufvermögens	short-term security investments.
Wertpapiere, für welche die Verzinsung eingestellt wurde	securities in default, have to be written off.
Wertschöpfung eines Unternehmens während des Geschäftsjahres in For von Löhnen und Gehältern, Steuern, Zinsen, Gewinnausschüttung und Rücklagenbildung (Thesaurierung)	value added. money paid during a fiscal year for salaries and wages, taxes, interest, dividends plus retained earnings.
Wettbewerb	competition.
Wiederanlage	reinvestment. Earnings are not distributed, but kept in the company.

Wiederbeschaffungswert
replacement costs.
Replacement value.
Valuing assets at their current cost.

(Wiederholungsverkäufe an) Stammkunden
repeat sales.
Re-orders by the same customers again and again.

wirtschaftliche Einheit, juristische Person
entity.
A legal and accounting concept. Accounting reports are prepared for a specific organization. For example: a company or corporation.

Wirtschaftsprüfer
certified public accountant, C.P.A. (US).
Auditor.
Chartered accountant, C.A. (Brit).
Auditor.

Working Capital
→ Nettoumlaufvermögen.

Z

zahlbar, fällig — payable, due.

zahlbar bei Auftragserteilung — cash with order.

zahlbar bei Lieferung — cash on delivery.

Zahlungsbereitschaft I oder Liquidität erster Ordnung/Grades oder Säuretest oder la hora de la verdad, die wichtigste Kennziffer — acid test ratio.
Ratio of current assets minus inventory to short-term liabilities.
Also "quick assets ratio." The basic test of liquidity. Ratio should be at least 1:1.
Formula:

$$\frac{\text{short-term assets}}{\text{short-term liabilities}} = \text{quick asset ratio}$$

Zahlungsbereitschaft II Ziffer vom Umlaufvermögen zu kurzfristigen Verbindlichkeiten — current ratio.
Ratio of current assets to current liabilities. Measure of liquidity.
Debt-paying ability. Ratio should be at least 2:1 (bankers' rule).
Formula:

$$\frac{\text{current assets}}{\text{current liabilities}} = \text{current ratio}$$

Zahlungsfähigkeit — solvency.
Ability to pay.

Zahlungsunfähigkeit — insolvency.
Failure of a firm to meet obligations as they become due.
→ Bankrott.

Zahlungsziel, Zahlungsbedingungen
terms of payment.

Zerobonds
Zero-Coupon Bonds.
Sold at a substantial discount, they accrue interest (semi-)annually. The interest is paid at maturity. Nevertheless, the accrued interest is taxable in the USA (not in Germany) yearly as ordinary income.

Zielsetzung
objective.
For instance, management by objectives.

Zinsaufwand
interest expenses.
Fixed payments derived from a financial liability.

Zinserträge
interest income.
A fixed earning derived from a financial asset.

Zinseszins
compound interest.
Applicable when interest in several periods is earned first on the original amount and second on the accumulated interest of former periods.

Zubehör, Installationen u.ä. Anlagegüter, Betriebsausstattung
fixtures and fittings.
Fixed assets if acquired for use and *not* for sale; for instance, electrical lights in an office.

Zugang zum Anlagevermögen
addition to fixed assets.
An investment.

zurückbehaltener Gewinn, thesaurierter Gewinn
retained earnings, retained profit, retained income, part of the owners' equity.

zurückgesandte verkaufte Waren
returns.
→ Retouren.

zurückgekaufte Vorzugsaktien	redeemable preference shares. Preference shares which may be repurchased by the company from the shareholders. Part of owners' equity. *Not* ordinary shares.
zurückgestellt (passivisch), aufgeschoben (aktivisch)	deferred. An account that has been postponed or put off to a future date.
zurückgestellte Instandhaltung	deferred maintenance. Maintenance that has been postponed; results could be decline in production, lack of efficiency, physical damage, diminishing future earnings, lower value of some real estate.
zurückzahlen	to pay back, to refund.
zusammengefaßte Bilanz	condensed balance sheet. Includes only highly significant summary items.
zuschreiben, aufwerten	to write-up. Increase in the book value of an asset with no corresponding transfer of cash. For instance, natural gas is discovered on the land.
Zuwachs	increment, increase, accession, accrual.
zweckgebunden	earmarked, appropriate.
zweckgebundene Rücklage	appropriated retained earnings, appropriated earned surplus, appropriated reserve. Profits are set aside; for instance, for investments, thus making them unavailable for dividends.
zweifelhafte Forderungen	doubtful accounts. Accounts which are unlikely to be collected.

zweifelhafte überfällige Forderungen
delinquent account receivable.
Doubtful account. Bad debt.
Past due or overdue.
Not a financial obligation.

Zweigniederlassung
branch.

zwischenbetrieblich
intercompany.
Transactions between related companies; for instance, affiliated companies.
→ Konzerngesellschaft.

Zwischenzins
interim interest.
Payments made in intervals of less than one year; for instance, quarterly.

Anhang

Bilanz zum 31. Dezember 19 . .

Aktiva

( ) Noch nicht eingezahltes Kapital, davon eingefordert: DM ...
( ) Aufwendungen für die Ingangsetzung und Erweiterung des Geschäftsbereichs

A. Anlagevermögen

I. Immaterielle Vermögensgegenstände
1. Konzessionen, gewerbliche Schutzrechte und ähnliche Rechte und Werte sowie Lizenzen an solchen Rechten und Werten
2. Geschäfts- und Firmenwert
3. Geleistete Anzahlungen

II. Sachanlagen
1. Grundstücke, grundstücksgleiche Rechte und Bauten einschließlich der Bauten auf fremden Grundstücken
2. Technische Anlagen und Maschinen
3. Andere Anlagen, Betriebs- und Geschäftsausstattung
4. Geleistete Anzahlungen und Anlagen im Bau

III. Finanzanlagen
1. Anteile an verbundenen Unternehmen
2. Ausleihungen an verbundene Unternehmen
3. Beteiligungen
4. Ausleihungen an Unternehmen, mit denen ein Beteiligungsverhältnis besteht
5. Wertpapiere des Anlagevermögens
6. Sonstige Ausleihungen

B. Umlaufvermögen

I. Vorräte
1. Roh-, Hilfs- und Betriebsstoffe
2. Unfertige Erzeugnisse, unfertige Leistungen

3. Fertige Erzeugnisse und Waren
4. Geleistete Anzahlungen

II. Forderungen und sonstige Vermögensgegenstände
1. Forderungen aus Lieferungen und Leistungen
2. Forderungen gegen verbundene Unternehmen
3. Forderungen gegen Unternehmen, mit denen ein Beteiligungsverhältnis besteht
4. Sonstige Vermögensgegenstände

III. Wertpapiere
1. Anteile an verbundenen Unternehmen
2. Eigene Anteile
3. Sonstige Wertpapiere

IV. Schecks, Kassenbestand, Bundesbank- und Postgiroguthaben, Guthaben bei Kreditinstituten

C. Rechnungsabgrenzungsposten

( ) Nicht durch Eigenkapital gedeckter Fehlbetrag

Bilanz zum 31. Dezember 19..

Passiva

A. **Eigenkapital**
   I. Gezeichnetes Kapital
   II Kapitalrücklage
   III. Gewinnrücklagen
      1. Gesetzliche Rücklage
      2. Rücklage für eigene Anteile
      3. Satzungsgemäße Rücklagen
      4. Andere Gewinnrücklagen
   IV. Gewinnvortrag/Verlustvortrag
   V. Jahresüberschuß
( ) Sonderposten mit Rücklageanteil

B. **Rückstellungen**
   1. Rückstellungen für Pensionen und ähnliche Verpflichtungen
   2. Steuerrückstellungen
   3. Sonstige Rückstellungen

C. **Verbindlichkeiten**
   1. Anleihen, davon konvertibel
   2. Verbindlichkeiten gegenüber Kreditinstituten
   3. Erhaltene Anzahlungen auf Bestellungen
   4. Verbindlichkeiten aus Lieferungen und Leistungen
   5. Verbindlichkeiten aus der Annahme gezogener Wechsel und der Ausstellung eigener Wechsel
   6. Verbindlichkeiten gegenüber verbundenen Unternehmen
   7. Verbindlichkeiten gegenüber Unternehmen, mit denen ein Beteiligungsverhältnis besteht
   8. Sonstige Verbindlichkeiten,
      davon aus Steuern:
      davon im Rahmen der sozialen Sicherheit:

D. **Rechnungsabgrenzungsposten**

( ) Haftungsverhältnisse
   Verbindlichkeiten aus der Begebung und Übertragung von Wechseln
   Verbindlichkeiten aus Bürgschaften, Wechsel- und Scheckbürgschaften
   Verbindlichkeiten aus Gewährleistungsverträgen
   Haftung aus der Bestellung von Sicherheiten für fremde Verbindlichkeiten

Gewinn- und Verlustrechnung bei Anwendung des Gesamtkostenverfahrens

Gewinn- und Verlustrechnung für das Geschäftsjahr 19..

1. Umsatzerlöse
2. Erhöhung oder Verminderung des Bestands an fertigen und unfertigen Erzeugnissen
3. Andere aktivierte Eigenleistungen
4. Sonstige betriebliche Erträge
5. Materialaufwand
   a) Aufwendungen für Roh-, Hilfs- und Betriebsstoffe
   b) Aufwendungen für bezogene Leistungen
6. Personalaufwand
   a) Löhne und Gehälter
   b) Soziale Abgaben und Aufwendungen für Altersversorgung und für Unterstützung,
   davon für Altersversorgung
7. Abschreibungen
   a) auf immaterielle Vermögensgegenstände des Anlagevermögens und Sachanlagen sowie auf aktivierte Aufwendungen für die Ingangsetzung und Erweiterung des Geschäftsbetriebs
   b) auf Vermögensgegenstände des Umlaufvermögens, soweit diese die in der Kapitalgesellschaft üblichen Abschreibungen überschreiten
8. Sonstige betriebliche Aufwendungen
9. Erträge aus Beteiligungen,
   davon aus verbundenen Unternehmen
10. Erträge aus anderen Wertpapieren und Ausleihungen des Finanzanlagevermögens,
   davon aus verbundenen Unternehmen
11. Sonstige Zinsen und ähnliche Erträge,
   davon von verbundenen Unternehmen
12. Abschreibungen auf Finanzanlagen und auf Wertpapiere des Umlaufvermögens
13. Zinsen und ähnliche Aufwendungen,
   davon an verbundene Unternehmen
14. Ergebnis der gewöhnlichen Geschäftstätigkeit
15. Außerordentliche Erträge
16. Außerordentliche Aufwendungen

17. Außerordentliches Ergebnis
18. Steuern vom Einkommen und vom Ertrag
19. Sonstige Steuern
20. Jahresüberschuß/Jahresfehlbetrag

Gewinn- und Verlustrechnung bei Anwendung des Umsatzkostenverfahrens

Gewinn- und Verlustrechnung für das Geschäftsjahr 19..

1. Umsatzerlöse
2. Herstellungskosten der zur Erzielung der Umsatzerlöse erbrachten Leistungen
3. Bruttoergebnis vom Umsatz
4. Vertriebskosten
5. Allgemeine Verwaltungskosten
6. Sonstige betriebliche Erträge
7. Sonstige betriebliche Aufwendungen
8. Erträge aus Beteiligungen,
   davon aus verbundenen Unternehmen
9. Erträge aus anderen Wertpapieren und Ausleihungen des Finanzanlagevermögens,
   davon aus verbundenen Unternehmen
10. Sonstige Zinsen und ähnliche Erträge,
    davon aus verbundenen Unternehmen
11. Abschreibungen auf Finanzanlagen und auf Wertpapiere des Umlaufvermögens
12. Zinsen und ähnliche Aufwendungen,
    davon an verbundene Unternehmen
13. Ergebnis der gewöhnlichen Geschäftstätigkeit
14. Außerordentliche Erträge
15. Außerordentliche Aufwendungen
16. Außerordentliches Ergebnis
17. Steuern vom Einkommen und vom Ertrag
18. Sonstige Steuern
19. Jahresüberschuß/Jahresfehlbetrag

Entwicklung des Anlagevermögens im Geschäftsjahr 19..

(Bei Darstellung zu Buchwerten)

	Anschaffungs- und Herstellungskosten zum 1. Jan. 19..	Zugänge	Abgänge	Umbuchungen	Zuschreibungen	Abschreibungen des Geschäftsjahres	Abschreibungen kumuliert	Buchwert 31. Dez.19..
I. Immaterielle Vermögensgegenstände								
1.								
2.								
3.								
II. Sachanlagen								
1.								
2.								
3.								
4.								
III. Finanzanlagen								
1.								
2.								
3.								
4.								
5.								
6.								

Entwicklung des Anlagevermögens im Geschäftsjahr 19..

(Bei Bruttodarstellung)

Zu Anschaffungs- und Herstellungskosten:

		1. Januar 19..	Zugänge	Abgänge	Umbuchungen	31. Dezember 19..
I.	Immaterielle Vermögens-gegenstände					
	1.					
	2.					
	3.					
II.	Sachanlagen					
	1.					
	2.					
	3.					
	4.					
III.	Finanzanlagen					
	1.					
	2.					
	3.					
	4.					
	5.					
	6.					

Aufgelaufene Abschreibungen:

		1. Januar 19..	Zugänge	Abgänge	Umbuchungen	Zuschreibungen	31. Dezember 19..
I.	Immaterielle Vermögensgegenstände						
	1.						
	2.						
	3.						
II.	Sachanlagen						
	1.						
	2.						
	3.						
	4.						
III.	Finanzanlagen						
	1.						
	2.						
	3.						
	4.						
	5.						
	6.						

Entwicklung der Rücklagen im Geschäftsjahr 19..

	1. Januar 19..	Einstellungen	Entnahmen	31. Dezember 19..
Kapitalrücklage				
Gewinnrücklagen:				
1. Gesetzliche Rücklage				
2. Rücklage für eigene Anteile				
3. Satzungsgemäße Rücklage				
4. Andere Gewinnrücklagen				

Balance sheet as of December 31, 19..

Assets

( ) Capital stock subscriptions receivable, of which called up: DM .....
( ) Start-up and business expansion expenses

A. Fixed assets

I. Intangible assets
1. Franchises, trademarks, patents, licences, and similar rights and licences to such rights
2. Goodwill
3. Advances paid on intangible assets

II. Property, plant and equipment
1. Land, leasehold rights and buildings, including buildings on non-owned land
2. Technical equipment, plant and machinery
3. Other equipment, operational and office equipment
4. Advance payments and construction in progress

III. Financial assets
1. Shares in affiliated companies (Shares in subsidiary companies)
2. Loans due from affiliated companies (Loans due from subsidiary companies)
3. Investments
4. Loans due from other group companies
5. Security investments
6. Other loans

B. Current assets

I. Inventories
1. Raw materials and supplies
2. Work-in-process

3. Finished goods and trading stock
4. Advance payments

II. Accounts receivable and other assets
1. Accounts receivable, trade
2. Accounts due from affiliated companies (Accounts due from subsidiary companies)
3. Accounts due from other group companies
4. Other assets

III. Marketable securities
1. Shares in affiliated companies (Shares in subsidiary companies)
2. Treasury stock
3. Other marketable securities

IV. Checks, cash on hand and in Federal Bank and in postal giro accounts, and cash in banks

C. Deferred charges and prepaid expenses

( ) Capital deficit

Balance sheet as of December 31, 19..

Liabilities and shareholders' equity

A. **Shareholders' equity**

I. Capital subscribed
II. Capital surplus (or paid-in surplus)
III. Earned surplus
1. Legal reserve
2. Reserve for treasury stock
3. Statutory reserves
4. Other earned surplus

IV. Retained earnings/Accumulated deficit, beginning of year
V. Net income, net loss

( ) Special reserves with an equity portion (tax favoured reserves)

B. **Reserves and accrued liabilities**

1. Pension reserves and reserves for similar obligations
2. Accrued taxes
3. Other reserves and accrued liabilities

C. **Liabilities**

1. Debenture loans,
   of which convertible
2. Liabilities due to banks
3. Advance payments received on account of orders
4. Accounts payable, trade
5. Notes payable
6. Accounts due to affiliated companies (Accounts due to subsidiary companies)
7. Accounts due to other group companies
8. Other liabilities,
   of which for taxes
   of which for social security

D. **Deferred items**

( ) Contingent liabilities and commitments
Notes discounted
Guarantees and endorsements
Warranties
Liabilities from the extension of collateral securities for others

Income statement presentation applying the cost summary method

Statement of income for the year ended December 31, 19..

1. Sales
2. Increase (decrease) in finished goods and work-in-process
3. Production for own plant and equipment capitalized
4. Other operating income
5. Cost of materials
   a) Cost of raw materials, supplies and trading stock
   b) Cost of purchased services
6. Personnel expenses
   a) Wages and salaries
   b) Social security, pension and other benefit costs,
      of which for pensions
7. Depreciation, amortization and write-offs
   a) on intangible assets, and plant and equipment and on start-up and business expansion costs capitalized
   b) on current assets to the extent that they exceed provisions normally recorded by the company
8. Other operating expenses
9. Income from investments,
   of which from affiliated companies (of which from subsidiary companies)
10. Income from other long-term securities and loans,
    of which from affiliated companies
    (of which from subsidiary companies)
11. Other interest and similar income,
    of which from affiliated companies (of which from subsidiary companies)
12. Write-off of financial assets and marketable securities
13. Interest and similar expenses,
    of which to affiliated companies (of which to subsidiary companies)
14. Result from ordinary operations
15. Extraordinary income
16. Extraordinary expense
17. Extraordinary result
18. Taxes on income
19. Other taxes
20. Net income/Net loss

Income statement presentation applying the cost of sales method

Statement of income for the year ended December 31, 19..

1. Sales
2. Cost of sales
3. Gross profit
4. Selling expenses
5. General and administrative expenses
6. Other operating income
7. Other operating expense
8. Income from investments,
   of which from affiliated companies (of which from subsidiary companies)
9. Income from other long-term securities and loans,
   of which from affiliated companies (of which from subsidiary companies)
10. Other interest and similar income,
    of which from affiliated companies (of which from subsidiary companies)
11. Write-off of financial assets and marketable securities
12. Interest and similar expense,
    of which to affiliated companies (of which to subsidiary companies)
13. Result from ordinary operations
14. Extraordinary income
15. Extraordinary expense
16. Extraordinary result
17. Taxes on income
18. Other taxes
19. Net income/Net loss

Statement of fixed assets for the year ended December 31, 19..

(When presented at net book values)

	At cost January 1 19..	Additions	Retire-ments	Transfers	Write-ups	Deprecia-tion for the year	Accumu-lated depre-ciation	Net book value December 31, 19..
I. Intangible assets								
1.								
2.								
3.								
II. Property, plant and equipment								
1.								
2.								
3.								
4.								
III. Financial assets								
1.								
2.								
3.								
4.								
5.								
6.								

Statement of fixed asset movements during the year 19..

(When presented at cost and accumulated depreciation)

At cost:

	January 1, 19..	Additions	Disposals	Transfers	December 31, 19..
I. Intangible assets					
1.					
2.					
3.					
II. Property, plant and equipment					
1.					
2.					
3.					
4.					
III. Financial assets					
1.					
2.					
3.					
4.					
5.					
6.					

Accumulated depreciation:

	January 1, 19..	Provisions	Disposals	Transfers	Write-ups	December 31, 19..
I. Intangible assets						
1.						
2.						
3.						
II. Property, plant and equipment						
1.						
2.						
3.						
4.						
III. Financial assets						
1.						
2.						
3.						
4.						
5.						
6.						

Statement of surplus and reserve accounts for the year ended December 31, 19..

	January-1-19..	Provisions	Withdrawals	December-31-19..
Capital surplus				
Earned surplus:				
1. Legal reserve				
2. Reserve for treasury stock				
3. Statutory reserves				
4. Other earned surplus				